MITOS Y LEYENDAS DE LA ANTIGUA GRECIA

CLÁSICOS UNIVERSALES

Editorial Bambú
es un sello de Editorial Casals, SA.

© 2022, Roberto Bravo de la Varga, por el texto
© 2022, Pere Ginard, por las ilustraciones
© 2022, Editorial Casals, SA, por esta edición
Casp, 79 – 08013 Barcelona
Tel.: 902 107 007
editorialbambu.com
bambulector.com

Diseño de la colección: Liliana Palau / Enric Jardí
Imágenes del cuaderno documental: © ACI, © iStock

Primera edición: febrero de 2022
ISBN: 978-84-8343-760-5
Depósito legal: B-330-2022
Printed in Spain
Impreso en Anzos, SL

MITOS Y LEYENDAS DE LA ANTIGUA GRECIA

ROBERTO BRAVO DE LA VARGA

ILUSTRACIONES DE
PERE GINARD

CLÁSICOS UNIVERSALES

Índice

ZEUS Y LOS DIOSES DEL OLIMPO

LOS HÉROES, LAS HEROÍNAS Y SUS HAZAÑAS

EL AMOR (Y EL DESAMOR)

MONSTRUOS Y SERES FANTÁSTICOS

AVENTURAS Y TESOROS ESCONDIDOS

TONTOS Y LISTOS

PÍCAROS

RELATOS DE MISTERIO

EL PORQUÉ DE LAS COSAS

ZEUS Y LOS DIOSES DEL OLIMPO

1. BIENVENIDOS AL OLIMPO

¡Bienvenidos! ¡Acercaos! ¡Os estaba esperando! Yo soy Hermes, el mensajero de los dioses. Normalmente ando atareadísimo, cumpliendo los encargos de Zeus, nuestro soberano, pero hoy he sacado tiempo para mostraros el fastuoso palacio que sirve de morada a los inmortales, aquí, en el monte Olimpo. Pero ¡pasad, por favor! No os quedéis ahí.

Os impresionan las puertas, ¿verdad? Son de oro. Y el edificio está construido con piedra y cimentado sobre bronce. ¡Una auténtica fortaleza, vaya! Y lo fue, lo fue. Durante muchos años, Zeus mantuvo una guerra contra Cronos, el dios del tiempo, un tirano que pretendía que el universo entero se sometiera a su voluntad. La llanura que tenemos a nuestros pies fue escenario de innumerables batallas. Dioses, titanes y gigantes exhibían el poder de sus brazos, pero ninguno de los dos bandos conseguía una victoria definitiva. Como la unión hace la fuerza, Zeus, señor de los cielos, dueño del rayo y del trueno, buscó la ayuda de sus hermanos: Hades, príncipe de la tierra y de los abismos, poseía un yelmo con el poder de hacer invisible a quien lo portara, y Poseidón, rey de los océanos y de los mares, disponía de un tridente que empleaba para remover las aguas provocando terribles cataclismos. Armados de este modo, los olímpicos ya no tuvieron rival ni en la tierra, ni en el mar, ni en el aire; vencieron a Cronos y a los suyos, e inauguraron una época de paz y justicia. Desde entonces, el Olimpo se ha convertido en nuestro hogar. Hades y Poseidón, en cambio, viven en sus propios reinos.

Pero ¡mirad quién viene por ahí! ¡Hola, Artemisa! ¡Hola, Apolo! ¡Que tengáis un buen día! Simpáticos, ¿no os parece? Son hijos de Zeus, hermanos mellizos; él es el dios del sol y ella es la diosa de la luna. Por eso cuesta verlos juntos, ¡ja, ja, ja! Es broma, es broma. En realidad, Apolo es un joven muy polifacético y con una gran sensibilidad: cultiva las artes, en especial la música y la poesía, toca la lira y es un excelente arquero. Como además es un muchacho muy apuesto, especialmente por su cabello rizado, rubio, con reflejos rojizos, se lo tiene un poco creído. El pobre ha tenido mala suerte en el amor. Puso sus ojos en Dafne, una ninfa cuyo nombre significa «laurel», pero esta lo rechazó. No lo ha superado. Desde entonces adorna su cabeza con una corona trenzada con hojas de dicho árbol. Yo creo que le ayuda a recordarla. ¡Es un romántico incorregible!

Su hermana Artemisa suele vagar por los bosques, cazando fieras con su arco. Es una joven fuerte e independiente, pero también arisca y vengativa. ¡Todo le molesta! ¡Por todo se enfada! Yo se lo he dicho muchas veces: «¡Qué carácter tienes, muchacha!». Si alguien se le adelanta y abate la fiera que ella estaba acechando, lo mata. Si alguien se compromete a hacer un sacrificio en su honor y se olvida de ello, lo mata. Si alguien amenaza a alguno de sus protegidos, lo mata. ¡Qué obsesión! Os diré que, cuando los dioses están reunidos y les llega la noticia de que alguien ha muerto repentinamente, todas las miradas se clavan en ella. Entonces pone cara de no haber roto un plato en la vida, pero todos sabemos que las mata callando. ¡Las mata, las mata! ¡Qué gracioso! ¡Qué chispa tengo! También hay que decir que le encantan los niños. Se le cae la baba cuando ve uno. Siempre que puede, asiste a los nacimientos para proteger a la madre y a su bebé. Ya veis, en el fondo tiene buen corazón.

Mirad, hemos llegado a la sala del consejo. Aquí es donde nos reunimos para debatir y tomar las decisiones importantes. Al sur, inmediatamente detrás de esta sala, se encuentran los aposentos de Zeus y Hera, su esposa. Todavía recuerdo su boda. La celebraron en el sur de España, a orillas del mar. Gea, la abuelita de Zeus, le regaló unas manzanas de oro, que ella decidió plantar allí mismo. Nació así el Jardín de las Hespérides, un vergel delicioso: los verdes prados, tapizados de blanda hierba y envueltos en fresca sombra, invitan al descanso; la hiedra trepa por los árboles abrazando su tronco con el frenesí de los enamorados; el canto de las aves se mezcla con el susurro de las abejas que liban el néctar de las aromáticas flores para elaborar su dulce miel. Todo es suavidad y armonía en un rincón que parece creado para halagar los sentidos... si no fuera por Ladón, el dragón que se encarga de vigilar las dichosas manzanitas, una bestia con muy malas pulgas que impide que nadie se acerque. Tendríamos que hacer algo al respecto, porque así, desde luego, no lo aprovechamos nada. La mayoría de nosotros preferimos marcharnos de vacaciones a las islas de los Bienaventurados, creo que vosotros las llamáis Canarias.

Al norte se ha dispuesto una sala de banquetes. Vamos a pasar. Tendríais que venir por la noche. El mármol de las paredes y el oro de los suelos resplandecen multiplicando el fulgor de las antorchas que iluminan las estancias. ¡Es un espectáculo! Los dioses bebemos néctar y comemos ambrosía. No hay nada más dulce ni más aromático. Si queréis, cuando nos vayamos, os doy la receta, ¿vale? La mesa la presiden Zeus y Hera. A su lado se sienta Deméter, diosa de los cereales, coronada de espigas, y Dioniso, dios de la vid, coronado de pámpanos. Representan el pan y el vino, comida y bebida de los hombres. Deméter es una mujer triste. Creo que echa de menos a su hija Perséfone, que se casó con Hades y vive con él en el inframundo. Todos los años, viene a ver a su madre en primavera y verano, y claro, Deméter se alegra tanto que los campos florecen y dan fruto. Dioniso, en cambio, es un tipo muy salado. No hay nadie mejor para salir de fiesta. Suelen acompañarlo las bacantes, unas chicas muy divertidas que pueden pasarse una noche entera bailando. Como Dioniso es un mago de la percusión, se juntan el hambre con las ganas de comer. Él pone el ritmo, y ellas, la coreografía.

En la parte central hay un patio cuadrado, abierto hacia el firmamento, con galerías cubiertas y habitaciones privadas a ambos lados, que ocupamos los cinco dioses y las cinco diosas que residimos habitualmente en el palacio.

¡Mirad aquellos dos que luchan en el rincón con casco, coraza, escudo, lanza y espada! Son Ares y Atenea. Están entrenándose. Ares es el dios de la guerra. Aunque nosotros lo queremos como a uno más de la familia, pasa mucho tiempo solo, apartado de los demás, y no hace buenas migas con casi nadie; de hecho, solo tiene cuatro amigos: Temor, Terror, Discordia y Violencia, gente poco recomendable. Ya veis lo alto que es. ¡Un auténtico gigante! Cuando pasa por las puertas, tiene que agacharse. Si se descuida, se da unas calabazadas de aúpa y empieza a jurar en hebreo. A todos nos gusta su carro. Es el más rápido del Olimpo. Tiran de él cuatro caballos negros y tiene un toque deportivo que es la envidia de cualquier héroe. Yo sospecho que se lo lleva a Hefesto y él, que es un artista para estas cosas, se lo pone a punto.

Atenea, que es la diosa de la estrategia (de ahí que suela entrenar con Ares), lo es también de la sabiduría. Tiene una mascota muy curiosa, una lechuza, y en sus ratos libres se dedica a tejer, una afición que tiene desde niña y en la que es una maestra. No conozco a nadie más servicial. Si puede hacerte un favor, te lo hará. Además de inteligente y buena, tiene unos ojos azules preciosos... ¡Vale! ¡Reconozco que me hace tilín, pero solo somos amigos! Hay muchas ciudades que la han escogido como protectora, pero ella siente predilección por Atenas, que se llama así en honor a ella.

¡Venid! Os voy a presentar a una curiosa pareja: la hermosa Afrodita y su marido Hefesto, mucho menos agraciado que ella. Afrodita es la diosa de la belleza y del amor. Ella y su hijo, Eros, nos traen a todos de cabeza. Todavía me acuerdo del follón que se montó el día en que Hera, Atenea y ella estuvieron discutiendo sobre quién de las tres era la más guapa. Al final buscaron a un juez imparcial para que lo decidiera. El elegido fue Paris, príncipe de Troya. No debían de sentirse muy seguras de sí mismas, porque todas intentaron sobornarlo: Hera le ofreció poder, Atenea le tentó con hacerlo invencible en la guerra y Afrodita le prometió la mano de Helena, la mujer más bella de Grecia. ¿Adivináis a quién eligió? ¡Está claro! Proclamó que Afrodita era la más hermosa, consiguió la mano de Helena y, de paso, provocó una guerra morrocotuda entre griegos y troyanos.

Hefesto, cojo y deforme, con la barba desaliñada y el pecho descubierto, avanza renqueando detrás de su mujer y siempre se queda rezagado. Sin embargo, como dios del fuego, tiene una habilidad innata para trabajar el metal: reina sobre los volcanes, que son sus fraguas, y es un excelente herrero. Es capaz de forjar cualquier cosa, desde una espada hasta la joya más fina. Siempre anda dándole vueltas a un nuevo prodigio técnico. Por la noche, cuando vuelve al Olimpo después de trabajar, aparece cubierto de hollín y va dejando pavesas encendidas por donde pasa. ¡Qué hombre! ¡El día menos pensado salimos ardiendo!

Esto del fuego se está convirtiendo en un problema serio. Pensáis que exagero porque todavía no habéis visto a Hestia, diosa del hogar. Es esa anciana que está sentada en ese banco, tomando el sol. Zeus le concedió un doble honor: por una parte, ser objeto de culto en todas las casas de los humanos y, por otra, guardar en sus manos el fuego sagrado. ¡En qué hora! Cuando menos te lo esperas, extiende la mano y una llama brota de su palma. ¡Parece cosa de magia! A los niños les encanta, pero no deberíamos tomárnoslo a broma. La semana pasada prendió una cortina; dos días después quiso gastarle una broma a Ares y le chamuscó las cejas; ayer mismo le faltó poco para quemar el bosque que se extiende por la ladera. ¡Le tengo más miedo que a las gorgonas!

Será cuestión de tener paciencia, como la tuvieron conmigo cuando era niño. Lo cierto es que fui un poco trasto. Las alas que tengo en los pies y en el casco me hacían muy veloz. No podía parar quieto un momento. Le robaba el tridente a Poseidón, la espada a Ares, y el arco y las flechas a Apolo. Una vez le desaparecieron las tenazas a Hefesto. El pobre anduvo buscándolas un día entero. Según me han dicho, las encontraron entre mis pañales. El propio Zeus me pescó cuando escapaba de la sala del consejo con su cetro. Al final, pensaron en darme una ocupación con la que pudiera canalizar tanta energía. Así fue como me convertí en el mensajero de los dioses. Ahora, todos me aprecian. El propio Apolo me regaló un caduceo, una vara de olivo adornada con guirnaldas, rodeada de dos serpientes enroscadas y coronada con un par de alas, que se ha convertido en símbolo de mi oficio y, en general, del comercio. Esperad, que os la enseño. ¡Un momento! ¿Dónde está mi vara? La había dejado aquí hace un momento. ¡Chicos, esto no tiene ninguna gracia! ¡Volved aquí! ¡Devolvedme mi caduceo! ¡No seáis así! ¡Venga, que me tengo que ir a trabajar! ¡Si me lo devolvéis, os lo presto para que esta tarde juguéis con él!

LOS HÉROES, LAS HEROÍNAS Y SUS HAZAÑAS

2. LA BELLEZA DE HELENA

Su piel era blanca y sus cabellos, de oro. Cualquiera habría dicho que había nacido de un cisne, tales eran su elegancia y su delicadeza. Pero su belleza dio pie a una cruel guerra de la que todos la culparon.

Creció en Grecia. La fama de su hermosura corrió por todo el país. Por eso, cuando alcanzó la juventud, decenas de príncipes llamaron a su puerta para pedirle matrimonio.

—Soy Antíloco, hijo de Néstor, no encontrarás a nadie que sea más veloz en la carrera.

—¡Qué suerte la mía! ¡Lo que me faltaba! Pues mira, Antíloco, aprovecha que eres tan rápido y piérdete, querido. Ya te estás marchando.

—Soy Áyax, hijo de Telamón, famoso por mi colosal escudo; con él te protegeré de cualquier peligro.

—¡Esto es lo último! ¿Protegerme tú a mí? Creo que estás muy confundido. ¡A ver si no tengo yo dos manos! ¡Cuídate tú, no sea que te entre un constipado! ¡Y, ahora, andando se va lejos!

—Soy Filoctetes, hijo de Peante, certero con el arco, mis flechas siempre dan en el blanco.

—Y a ti se te ha antojado lanzarme una al corazón, ¿no? ¡Anda que no sois pesados! Pero, criatura, ¿para qué quiero yo flechas? ¿Con quién me voy a pelear yo? Dime, ¿con quién? ¡Contigo, como no te marches!

—Soy Diomedes, hijo de Tideo, soy capaz de persuadir a cualquiera con mi elocuencia.

—Pues conmigo te has lucido. ¿Elocuencia para qué? Yo no tengo por qué medir las palabras. Digo siempre la verdad. Si conviene, bien; y si no, la calle es más larga que ancha. ¡Vamos, anda!

—Soy Menelao, hijo del rey Atreo. Mi hermano Agamenón y yo somos príncipes de Micenas.

—¡Míralo, qué apañado! ¿Te he pedido yo explicaciones? No, ¿verdad? Al contrario. ¿Y pensabas que así me ibas a impresionar? Pues venga, ahora mismo te vuelves para Micenas.

Bueno, igual la delicadeza no era su fuerte, pero era hermosa y, desde luego, tenía carácter, eso no se puede negar. La multitud de jóvenes pretendientes que hacían cola a la puerta de la casa de Helena crecía de día en día. A ella le preocupaba que si favorecía a uno, los demás se enfadasen y se produjera un tumulto. Así que los reunió a todos y pidió que se comprometieran a aceptar su decisión, fuera cual fuese. Así lo hicieron y Helena escogió a Menelao, que se convirtió en su novio.

La pareja fue muy bien recibida en Micenas. El pueblo se agolpaba en las calles y en las plazas, y acompañó a los novios hasta el palacio. Durante un tiempo, Helena fue feliz en aquel lugar. Menelao y ella se iban conociendo, el joven la respetaba y la familia real parecía apreciarla. En el ala este del palacio estaba el taller de los artistas, donde trabajaban pintores, escultores, tejedores, alfareros, ebanistas u orfebres. Disfrutaba mucho aprendiendo de su trabajo, porque era una muchacha sensible y con grandes inquietudes.

Un día, paseando entre los puestos, Helena se encontró con un joven extranjero que observaba asombrado el trabajo de una tejedora.

—¿Te gusta?

—Me parece un prodigio. Nunca había visto una labor tan exquisita. Creo que esta mujer es una artista.

—Estoy de acuerdo contigo. ¿Cómo te llamas, querido?

—Mi nombre es Paris. ¿Quién eres tú?

—Yo soy Helena.

—Encantado, Helena.

Helena y Paris pasaron juntos ese día. Hablaron de miles de cosas. Helena descubrió a un joven sincero, positivo, dispuesto a escuchar y con un increíble sentido del humor. Paris descubrió a una chica inteligente, espontánea, honesta y bella... por fuera, pero, sobre todo, por dentro. Ni que decir tiene que ambos se enamoraron perdidamente el uno del otro. Como Helena no quería hacer daño a Menelao, se armó de valor y quedó con él para romper la relación que habían comenzado.

—Hola, Elena. ¡Uy! ¡Qué cara tan seria! ¿Qué te ocurre?

—Escucha, Menelao. Lo que tengo que decirte no te va a gustar nada, pero tiene que ser así. He conocido a un joven. Se llama Paris y...

—¿Cómo? ¿Paris? ¿El príncipe troyano?

—¿Paris, un príncipe? No lo sabía. Se lo habrá callado, porque es muy modesto. Sé que su padre se llama Príamo y su madre Hécuba. Tiene un hermano, Héctor, y...

—No sigas. ¡Los conozco a todos! ¡Es él!

—No te enfades, pero lo que he sentido a su lado no es lo que siento por ti. Eso sí es amor verdadero. Tú y yo podemos seguir siendo buenos amigos. Sé que te estoy haciendo daño, que te hago sufrir, pero no quiero engañarte. Es lo mejor para ambos. Dentro de unos años, nos volveremos a ver y seguro que nos reímos de todo esto.

—¿Estás rompiendo conmigo, Helena?

—Sí, Menelao.

—¡¡A mí no me abandona nadie!!

Menelao agarró a Helena, la llevó por la fuerza al palacio y la encerró en sus aposentos.

—¡Es lo mejor para ambos! Con el tiempo, aprenderás a quererme.

—Eso no va a suceder, Menelao. Estoy enamorada de Paris. Tienes que comprenderlo.

Pero Menelao no atendía a razones. Los celos lo devoraban. Creía que Helena le pertenecía y que un extranjero trataba de robársela. ¡No lo consentiría!

Paris se enteró de lo que estaba sucediendo. ¿Cómo no? El escándalo en Micenas había sido mayúsculo. Los habitantes de la ciudad no hablaban de otra cosa. Todos estaban con Helena, pero nadie se atrevía a decirlo en voz alta por temor a las represalias de Menelao. Por desgracia, imperaba la ley del silencio. Sabían que aquello era injusto, pero no alzaban la voz para denunciarlo. Tuvo que ser Paris, un extranjero, un príncipe troyano, quien tomase cartas en el asunto. Esa misma noche, se acercó al palacio de Menelao, se colocó al pie del balcón de su querida Helena y le ofreció ayuda para escapar. La joven se descolgó por la fachada y la pareja recorrió la ciudad a toda prisa, amparada por la oscuridad de la noche. Una vez en el puerto, embarcaron en la nave de Paris y pusieron rumbo a Troya. Las estrellas brillaban en el cielo y los propios dioses parecían bendecir su amor.

A la mañana siguiente, Menelao, como siempre, sin llamar, abrió la puerta de la alcoba de Helena y la encontró vacía. Se puso furioso y convocó a una reunión a los antiguos pretendientes de Helena, que acudieron a toda prisa al palacio de Micenas.

—Queridos amigos: Helena ha roto su promesa. Según nos dijo, temía que, al elegir a uno de nosotros, quedaran descontentos los restantes y, por eso, nos pidió que aceptáramos su decisión. ¡Y lo hicimos!

—Y yo creo que no nos equivocamos —intervino Diomedes—. La verdad es que nos dio una lección a todos. Nos enseñó a respetarla.

—Puede que sí, Diomedes. Pero ¡estamos hablando de mi novia! ¡Y se ha marchado con otro!

—Bueno, ¿y qué? —preguntó Áyax—. A lo mejor se dio cuenta de que no te quería. Tendrás que aceptarlo. A mí me lo dejó muy claro... y ahora se lo agradezco. Gracias a ella, he cambiado mi forma de ser y estoy más satisfecho conmigo mismo.

—No me entendéis, Áyax. ¡Lo que ocurre es que Paris la ha raptado!

—¿Ese troyano se ha atrevido a raptarla? —preguntó Filoctetes escandalizado—. ¡Probará la punta de mis flechas! ¡Formaremos una escuadra y atacaremos su ciudad! Yo mismo armaré siete naves para ir a buscarlo.

—¡Así se habla! —respondió Menelao triunfante.

—¿Y si enviamos una embajada a negociar? —propuso Antíloco—. Seguro que se trata de un malentendido que se puede aclarar sin derramar ni una gota de sangre.

—¿Negociar? ¡Jamás! —exclamó Menelao—. Lo que suceda a partir de ahora será culpa de Helena. ¡Ella rompió la promesa que nos hizo! ¡Ella me engañó cuando yo obraba de buena fe! ¡Ella sedujo al extranjero! ¡Es codiciosa, en cuanto supo que era un príncipe troyano se echó en sus brazos! ¡Hay que impedir que se case con él! ¡¡Es mía!!

—Pero ¿te quiere? —preguntó Agamenón, hermano de Menelao, comandante en jefe del ejército de Micenas—. Sabes que nunca he rehuido el combate, pero solo lucharé por una causa noble y justa.

—No dudes que es así, hermano. Helena está confusa. Afrodita, la diosa del amor, ha desordenado sus sentimientos. Piensa que ama a Paris, pero, en realidad, me quiere a mí.

No había más que hablar. Agamenón reunió un formidable ejército, al que se sumaron todos los príncipes de Grecia, y lo dirigió contra Troya. Estalló así una guerra que duraría diez largos años, un horror del que todos, griegos y troyanos, culparon a la bella Helena. Solo aquellos que la conocieron bien se pusieron a su lado y la defendieron como lo que fue: una heroína incorruptible que se mantuvo fiel a sí misma hasta el final.

3. LA CÓLERA DE AQUILES

La guerra es un asunto serio y triste. Un sol de justicia cae sobre el campo de batalla. Los dos guerreros se miran fijamente. Sus músculos se tensan. Sostienen el escudo con la mano izquierda y la lanza con la derecha. Están a punto de enzarzarse en una lucha cuerpo a cuerpo. Vencer o morir. A Aquiles lo mueve la sed de venganza. Héctor se enfrenta a él por una cuestión de honor. Respiran pesadamente. En parte, por la fatiga y, en parte, por el miedo. Sí, sienten miedo. Héctor está atemorizado... y, cuando Aquiles avanza hacia él, no puede soportar la presión, se da la vuelta y sale corriendo. Aquiles, el de los pies ligeros, lo persigue.

¿Qué ha ocurrido? ¿Cómo hemos llegado a este punto? La soberbia es la causa de las peores calamidades. Después de que Helena huyese con Paris, Agamenón reunió un formidable ejército, al que se sumaron todos los príncipes de Grecia, y lo dirigió contra Troya. Aquiles, hijo de un mortal, Peleo, y de una diosa, Tetis, combatió en sus filas durante diez largos años, convirtiéndose en una leyenda tanto por su fuerza como por su asombroso valor. Se decía que su madre, para otorgarle la inmortalidad, lo había sumergido en la laguna Estigia nada más nacer y, de ese modo, lo había hecho invulnerable: ningún arma podía herir su cuerpo, salvo en el talón, el punto por donde la diosa lo había sujetado aquel día, impidiendo así que las aguas lo tocaran. Aquiles, veloz y certero, era amado por los griegos, que lo habían convertido en un héroe, y odiado por los troyanos, que habían perdido a muchos de los suyos por su causa. Cuando ocupaba su lugar en la vanguardia del ejército, transmitía tranquilidad a sus hombres e infundía terror en sus adversarios. Agamenón era consciente de que muchas de las batallas que habían librado se habían decidido por él y, para agradecérselo, después de la última victoria, quiso honrarlo a la hora de repartir el botín.

—Escuchadme, amigos. Hoy deseo distinguir de forma especial a Aquiles, sin el cual este triunfo no habría sido posible. Repartiremos el botín entre todos, igual que siempre, pero no haremos lo mismo con las dos esclavas que han caído en nuestras manos: Criseida y Briseida. La primera entrará a mi servicio; la segunda servirá a nuestro héroe.

Los griegos expresaron su júbilo golpeando sus escudos con las lanzas, ovacionando de este modo a su querido Aquiles, que se sintió muy orgulloso. Por desgracia, el destino les deparaba a todos una desagradable sorpresa. Esa misma noche, en el campamento griego, levantado frente a las murallas de Troya, junto a la orilla del mar, empezaron a enfermar y a morir hombres. En los días que siguieron, la epidemia se extendió diezmando las huestes griegas.

Mientras tanto, Aquiles se había enamorado de Briseida, una joven alta y morena que llamaba la atención por su tez blanca y sus ojos brillantes. La muchacha le correspondió y ambos se dieron palabra de matrimonio, comprometiéndose a celebrar su boda en cuanto pasase la epidemia. Por desgracia, el destino torcería sus planes. Los griegos descubrieron que Criseida, la nueva esclava de Agamenón, era hija de un sacerdote de Apolo, llamado Crises. Este había rogado al dios que enviase una peste sobre los raptores de su hija para forzarlos a devolvérsela, y este lo escuchó.

—Agamenón —dijo entonces uno de sus generales—, los hombres seguirán muriendo hasta que Criseida regrese a la casa de su padre.

—¡Jamás! Ella es la esclava que me corresponde por derecho.

—¡Por supuesto que sí! —admitió otro—. Pero si no renuncias a ella, ninguno de nosotros sobrevivirá a la epidemia. ¡Piénsalo!

Agamenón torció el gesto y apretó los dientes. Todos los ojos estaban fijos en él. De pronto, su rostro se relajó. Había tenido una idea. Salió de su tienda y se dirigió a la de Aquiles. Los griegos, que lo vieron atravesar el campamento, fueron tras él.

—¡Aquiles! Sal un momento. Necesito hablar contigo —clamó el monarca.

—Buenas noches, Agamenón. ¿Qué deseas?

—Acabamos de saber que Criseida, mi esclava, es hija de un sacerdote de Apolo. Este ha rogado al dios que nos castigue con la peste hasta que se la devolvamos. Si queremos escapar de la muerte, tendré que renunciar a la joven que tan bien me servía.

—Un sacrificio que te honra, Agamenón.

—Gracias, Aquiles. Sin embargo, no sería justo que yo, un rey, me desprendiese de Criseida, y tú, un guerrero, conservases a Briseida. Por eso, he venido a tomar a la esclava que me corresponde por derecho como parte del botín. Entrégamela.

—¿Estás hablando en serio? ¿Quieres llevarte a Briseida? —preguntó Aquiles—. ¡No es posible! Estoy enamorado de ella. Nos hemos prometido y nos casaremos cuando pase la epidemia.

—Siento oír eso, pero no puedo hacer nada. Mi decisión es firme. ¡Guardias, traed a Briseida!

Los guardias avanzaron, pero bastó que Aquiles bajase la vista hacia su espada para que frenasen en seco. Agamenón se dio cuenta de lo que sucedía. Si sus hombres no cumplían la orden que les había dado, se arriesgaba a quedar en ridículo.

—¿A qué esperáis? ¡Cumplid mi orden! Acabad con quien ofrezca resistencia.

Aquiles no se movió. Los guardias tampoco.

—¿Y bien? —bramó Agamenón por tercera vez—. ¿A qué esperáis?

Uno de los guardias sacó su espada y cargó contra el héroe. Este giró con rapidez, tomó la suya, esquivó el golpe y, tras deslizarse como una serpiente, se colocó a su espalda y dirigió la afilada hoja de bronce contra su atacante, dispuesto a traspasarlo con ella.

—¡Deteneos, por favor!

Briseida, que había sido testigo de la escena desde el interior de la tienda, avanzó con decisión y se interpuso entre los combatientes, acompañada de Patroclo, el mejor amigo de Aquiles.

—Nadie ha de derramar su sangre por mi causa.

Bajó la cabeza y siguió a Agamenón en silencio, con el rostro bañado en lágrimas.

—¡Agamenón! Si te llevas a Briseida, no seguiré luchando a tu lado.

—Haz lo que te plazca, Aquiles. Un hombre menos no nos hará perder la guerra.

* * *

La guerra es un asunto serio y triste. Un sol de justicia cae sobre el campo de batalla. Los dos guerreros corren alrededor de Troya. Han dado ya dos vueltas a la ciudad, pero la carrera continúa. Igual que el gavilán se abate sobre la paloma, igual que los perros de caza acosan a la corza, así persigue Aquiles a Héctor, sin darle tregua. Los troyanos, que observan lo que sucede desde lo alto de las murallas, tienen el ánimo suspenso. Los griegos, dispersos por la llanura, aguardan expectantes. Vencer o morir.

¿Qué ha ocurrido? ¿Cómo es que Aquiles ha retomado la lucha? La ira nos lleva a tomar decisiones fatales. En cuanto los troyanos supieron que el hijo de Peleo había discutido con Agamenón y se negaba a volver al campo de batalla, aprovecharon para atacar. Armaron su ejército y salieron a pelear con todas sus fuerzas. Los griegos se vieron en un apuro: al frente, el enemigo; a su espalda, el mar. Una posición muy difícil de defender. La pesadilla de cualquier estratega. Los hombres de Agamenón estaban cansados y, peor aun, desmotivados. Ahora que Aquiles no peleaba a su lado, habían perdido la fe en la victoria.

—¡Proteged los flancos! ¡Manteneos firmes! —gritaban sus jefes.

Debían evitar que el enemigo los rodease y no ceder un solo palmo de terreno. Pero fue inútil. Los troyanos chocaron contra ellos y los obligaron a retroceder. Los desalojaron de la llanura y los llevaron hacia las naves con las que habían surcado el mar y que ahora reposaban sobre la arena. Algunas de ellas empezaron a arder. Lo mismo les ocurrió a las tiendas que formaban el campamento.

—¡Aquiles! Los troyanos han entrado en el campamento y están prendiendo fuego a las naves y a las tiendas. ¡Debes salir a combatir contra ellos!

—No, Patroclo, amigo mío. Agamenón me ofendió gravemente. Mi decisión es irrevocable. No tomaré las armas si no es para defender mi vida y la de aquellos a los que quiero.

Patroclo, que había crecido con Aquiles en la corte de Peleo, su padre, supo que no convencería a su amigo. Tenía que hacer algo. Entonces se le ocurrió una idea. Tomó el casco, la coraza y el escudo de Aquiles; se subió a su carro de guerra y, blandiendo la lanza del héroe, salió al campo de batalla.

En cuanto los troyanos lo vieron venir, huyeron despavoridos. Patroclo fue tras ellos dando muerte a todos los que encontraba en su camino. ¡Más de veinte cayeron víctimas de sus golpes! Hasta que llegó a Héctor, príncipe de Troya, hijo del rey Príamo. Este lo aguardó, se agachó para esquivar su acometida, levantó entonces la lanza y consiguió abatirlo. Patroclo cayó muerto al instante. El casco que llevaba puesto rodó por el suelo y todos pudieron ver que quien había perdido la vida no era Aquiles, sino su mejor amigo. La noticia voló hasta el campamento. Un grito de dolor partió de las naves y llenó la llanura. Era un grito desgarrado. Un estallido de cólera imposible de reprimir. Los troyanos corrieron a refugiarse tras las murallas. Héctor dirigió su mirada hacia la tienda de Aquiles y luego levantó la vista hacia las almenas, donde descubrió a sus padres y a su mujer, Andrómaca, con el niño en brazos. No podía volver con ellos. Tenía que enfrentarse a Aquiles. Era una cuestión de honor. Estaban en guerra.

La guerra es un asunto serio y triste. Un sol de justicia cae sobre el campo de batalla. Los dos guerreros corren alrededor de Troya. Han dado ya tres vueltas a la ciudad. No habrá una cuarta. Los dioses ciegan a los que quieren ver perder y Atenea va a conseguir que Héctor quede a merced de Aquiles. Tomando la figura de Deífobo, uno de sus hermanos, se acerca a él y dice:

—¡Querido hermano! He visto desde las murallas que Aquiles te acosaba sin tregua, por eso he bajado a ayudarte. Detente y enfrentémonos juntos al hijo de Peleo.

—Deífobo, hermano, ¿cómo podré agradecerte lo que estás haciendo por mí? Tienes razón. Es hora de luchar. Uniendo nuestras fuerzas acabaremos con nuestro enemigo.

Aquiles no tarda en llegar a la altura de Héctor. Se detiene y clava sus ojos en él. Este le dice:

—Hijo de Peleo, ya no huiré de ti. Tres vueltas he dado alrededor de la ciudad de mi padre sin resistir tu ataque, pero ahora el ánimo me impulsa a luchar. Mas antes de enfrentarnos, juremos ante los dioses que el vencedor respetará el cadáver de su adversario y lo devolverá a los suyos para que celebren sus honras fúnebres.

—¡No me hables de pactos, Héctor! Igual que no puede haber tratos entre hombres y leones, entre lobos y corderos, no los puede haber entre tú y yo. Has matado a Patroclo, mi mejor amigo, y ahora yo voy a hacer lo mismo contigo.

Y, en ese mismo instante, toma la lanza y la arroja contra Héctor. Este la ve venir de frente, la esquiva y el arma se clava en el suelo. Entonces, el troyano arroja su pica contra el de los pies ligeros. No falla el tiro. La punta de bronce atraviesa el escudo y queda a pocos centímetros del cuerpo de Aquiles, que, con todo, sale ileso. Héctor se vuelve entonces hacia su hermano Deífobo para pedir otra lanza, pero se encuentra solo. Comprende entonces el engaño del que ha sido objeto. Atenea, mientras tanto, ha recogido la lanza de Aquiles y ha corrido a devolvérsela. El guerrero, que Héctor cree desarmado, avanza hacia él con la intención de herirlo. Desenvaina la espada y se prepara para defenderse. Aquiles examina su blanco. Debe evitar el casco, la coraza y el escudo. Se fija entonces en el punto en el que las clavículas separan el cuello de los hombros. Está descubierto. Allí hunde Aquiles su lanza en pleno ataque, antes de que su víctima pueda hacer uso de la espada. Héctor cae al suelo herido de muerte.

—Aquiles, te lo suplico. Quédate con mi casco, mi coraza, mi escudo y mis armas como trofeo de guerra, pero entrega mi cadáver a los míos.

La respuesta de Aquiles pone los pelos de punta:

—No supliques, perro. ¡Ojalá el furor me indujera a despedazarte y a comerme cruda tu carne por el dolor que me has causado! Las aves de rapiña se darán un festín con tus despojos.

Héctor cierra los ojos para dormir un sueño de bronce, y su alma, llena de tristeza por dejar un cuerpo joven y vigoroso, emprende el camino que baja al Hades.

Por desgracia, la venganza del cruel Aquiles no ha hecho más que empezar. Un alma, una vida no basta para aplacar su cólera. ¡Ojalá pudiera resucitar cien veces a Héctor para darle muerte otras cien! Pero no está en su mano... Por eso concibe un suplicio indigno que repugna a dioses y hombres por igual. Perfora los tobillos de Héctor, introduce por los agujeros unas correas de piel de buey, las ata a su carro de guerra, sube en él y arrea a los caballos, que comienzan a correr alrededor de Troya arrastrando tras de sí el cadáver de su enemigo, que levanta una nube de polvo frente a la ciudad que rodeó en tres ocasiones huyendo de su destino.

4. LA LIBERTAD DE PENTESILEA

Yo fui testigo de todo y os puedo contar lo que sucedió aquellos días.

La muerte de Héctor fue un duro golpe para todos nosotros. Durante doce días, el despiadado Aquiles se negó a entregarnos su cadáver para que pudiéramos celebrar el funeral que merecía. Por fin, el rey Príamo consiguió traerlo a Troya. Reunió en su pecho el valor necesario para salir de la ciudad, cruzar la llanura, llegar al campamento enemigo y entrar en la tienda de Aquiles, asesino de su hijo. Había llevado consigo un tesoro fabuloso: mantos, vestidos, túnicas, tapices, copas, calderos de bronce... y oro, mucho oro, ¡más de doscientos cincuenta kilos de oro! ¡Tres veces el peso de su hijo! Ese fue el rescate que pagó el anciano Príamo, riquezas que el desdichado monarca había traído sobre una carreta de bellas ruedas tirada por dos mulas; la misma que, una vez vacía, utilizó para llevarse el cuerpo de Héctor. Griegos y troyanos tenían un nudo en la garganta. Las aves, las olas y hasta los propios dioses parecían guardar silencio. Solo se escuchaba el traqueteo de aquellas ruedas y los cansados pasos de un padre que caminaba arrastrando los pies, con la vista nublada por las lágrimas.

Mis hermanos y yo trajimos leña, la apilamos y, siguiendo nuestras costumbres, colocamos el cadáver en la cima de la pira y prendimos fuego. Luego recogimos las cenizas, las colocamos en un cofre de oro, lo cubrimos con un delicado velo de púrpura y lo enterramos en una solemne ceremonia.

Sin Héctor al frente de nuestro ejército, la caída de Troya parecía inevitable. Entonces, el rey Príamo, mi padre, decidió jugar su última carta.

—Paris, hijo mío. Tengo una misión para ti. Viajarás al norte, al país de las amazonas, solicitarás audiencia a su reina, Pentesilea, y le suplicarás que nos ayude.

—¿He oído bien, padre? ¿Buscas una alianza con las amazonas? ¿Estás seguro de lo que dices? Tú mismo combatiste contra ellas en tu juventud. ¿Por qué iban a ayudarnos ahora? Son un pueblo de mujeres guerreras que siempre han luchado por defender su libertad. ¿Qué les importa a ellas nuestro destino?

—No olvido que fueron nuestras enemigas y que marché a la guerra contra ellas cuando trataba de engrandecer el poder de Troya conquistando los reinos vecinos. Rechazaron nuestro ataque con valentía y, desde entonces, nadie ha puesto en duda la independencia de su reino. Ahora bien, tienen que saber que, si Troya cae, ellas pueden ser las siguientes. Los griegos son ambiciosos y no se detendrán ante nada.

Partí a la mañana siguiente, cuando aún no había salido el sol. Me dirigí al norte, atravesando montañas y ríos, hasta llegar a los remotos bosques que habitan las amazonas. Durante el viaje, no había dejado de preguntarme qué podría hacer para encontrarlas. En realidad no tuve que hacer nada. Fueron ellas quienes nos encontraron a nosotros. En cuanto pusimos un pie en su tierra nos vimos rodeados de guerreras que parecieron salir de la nada, nos desarmaron y nos condujeron en presencia de su reina.

Pentesilea era una mujer joven, fuerte, alta y esbelta. Su cabello moreno y sus ojos fulgurantes se correspondían con su carácter firme y decidido. No me costó mucho trabajo convencerla. Príamo estaba en lo cierto. Para las amazonas, la libertad era el supremo bien. Comprendiendo la amenaza que supondría para ellas la caída de Troya, acordaron en asamblea marchar contra los griegos que habían puesto sitio a nuestra ciudad.

—Descansad, extranjeros. Disfrutad de nuestra hospitalidad —anunció la reina Pentesilea—. Partiremos mañana al amanecer.

—¿Mañana? ¿Pretendéis reunir un ejército en una sola noche?

Pentesilea no respondió a mi pregunta. Sonrió y se retiró a sus aposentos.

Las amazonas nos despertaron al alba. Mis compañeros y yo esperábamos encontrarnos con cientos de guerreras, armadas con cascos, corazas, escudos y lanzas, subidas en carros de guerra. Estábamos muy equivocados. Pentesilea conducía a un grupo de doce amazonas que montaban a caballo e iban armadas con arcos y flechas.

—¿Y vuestro ejército? —pregunté.

—Lo tenéis delante.

—¿En serio? ¿Una docena de amazonas van a derrotar a las huestes griegas? ¡Acabarán con vosotras en cuanto salgáis al campo de batalla!

—Procuraremos que no sea así —respondió ella con una sonrisa.

Pentesilea conocía mejor que nadie los caminos de los bosques y los pasos de las montañas, por lo que el viaje de regreso a Troya fue mucho más rápido que el que habíamos hecho para llegar a su reino. Los habitantes de la ciudad nos recibieron jubilosos. Hombres y mujeres, niños y mayores llenaban las calles para ver a aquellas amazonas de las que tanto habían oído hablar. Todos daban por supuesto que aquellas doce mujeres se habían adelantado para abrir paso al verdadero ejército, que vendría tras ellas. Cuando supieron que tal ejército no existía, el desánimo cundió entre la población. ¿Pentesilea y una docena de amazonas contra Agamenón y sus guerreros? ¿Caballos contra carros de combate? ¿Arcos y flechas contra cascos, corazas, escudos y lanzas?

La llegada de las amazonas no pasó desapercibida en el campamento griego. Agamenón envió espías para saber si suponían una amenaza. Cuando estos informaron de que se trataba de un grupo de doce mujeres, los generales respiraron aliviados. No había nada que temer. Todos se retiraron a descansar.

Recuerdo bien aquel silbido que atravesó la noche. Al principio pensé que se trataba de algún ave. Pero a ese primer silbido lo siguieron otro, y otro, y otro más. Me levanté del lecho y me acerqué a la ventana. Todo estaba en calma. La luna iluminaba el campamento griego, en el que ardían algunas antorchas. Agucé el oído. Un nuevo silbido rompió el silencio. A este lo siguieron... doce. No me costó comprender lo que estaba ocurriendo. Pentesilea y las amazonas habían iniciado su ataque eliminando a los centinelas. Las guerreras avanzaron con decisión. Sombras entre las sombras. Sombras en cuyas manos brillaban cuchillos. Sombras que llevaban la muerte a quienes dormían en las tiendas. Durante diez años había contemplado a diario el horror de la guerra, había participado en batallas sangrientas, terribles. Estaba acostumbrado a los gritos de los hombres, al fragor de las armas de bronce y al estruendo de los carros arrastrados por impetuosos caballos bajo cuyos cascos se estremecía la tierra. Pero confieso que un escalofrío me recorrió la espalda cuando vi a Pentesilea y a sus amazonas entrando y saliendo de las tiendas en medio de la oscuridad, precipitando al Hades las almas de todos aquellos guerreros que horas antes se habían acostado creyéndose a salvo de ellas.

Ya habían recorrido más de la mitad del campamento cuando, de repente, un perro ladró. Se encendió una antorcha. Escuché un grito. Pentesilea y las amazonas habían sido descubiertas. Pensé que emprenderían la huida, pero no fue así. Se agruparon para presentar batalla. Como la leona hambrienta que busca una presa y clava los dientes en su tierno pecho, así cargaron las guerreras contra los griegos, levantando el arco, apuntando y disparando las flechas que atravesaban el corazón de sus enemigos. Estos no tuvieron más remedio que retroceder. ¿De dónde sacaban aquellas mujeres tanto valor, tanta fuerza?

Por desgracia, su suerte estaba a punto de cambiar. De una de las tiendas salieron dos hombres con casco, coraza, escudo y lanza. Uno era el cruel Aquiles y el otro, Diomedes, un guerrero sin escrúpulos, que solo confiaba en su fuerza y no temía ni a los dioses ni a los hombres. Las flechas de las amazonas no pudieron impedir su avance. Pronto los tuvieron encima. Diomedes acabó con Alcibia y Derimaquea. Aquiles dio muerte a Polemusa, Antandra, Hipótoe, Harmótoa y Antíbrota. Clonia, Derione, Evandra, Bremusa y Termodosa cayeron víctimas de sus compañeros, que, envalentonados, las hirieron con sus espadas. Al final quedaron Pentesilea y Aquiles, frente a frente. El sol despuntaba ya en el horizonte anunciando un nuevo día. El hijo de Peleo se dirigió a ella:

—Ríndete, Pentesilea, y te perdonaré la vida. Agamenón te permitirá regresar a tu reino si te arrodillas ante él y lo reconoces como tu señor, comprometiéndote a pagar tributos y a obedecer sus leyes. Piénsalo. Si aceptas, conservarás tu trono.

—¡Escúchame bien, Aquiles! Donde ahora habita el pueblo de las amazonas, vivió antes la tribu de los escitas, un pueblo libre y próspero, hasta que sus enemigos cruzaron las montañas y ocuparon su tierra. Quienes se opusieron a ellos cayeron víctimas de su espada. Los hombres que sobrevivieron fueron deportados. Solo quedamos nosotras, las mujeres. Pasó el tiempo. Los opresores se sentían seguros. Se habían adueñado de nuestras cabañas y se alimentaban con los frutos de nuestros fértiles campos. Pero una noche, nos alzamos contra ellos y hundimos nuestros afilados puñales en su pecho. Así surgieron las amazonas, una nación libre, con sus propias leyes, que jamás servirá a nadie. Aquel que ponga sus ojos sobre nuestra tierra habrá de cerrarlos para siempre.

Sus palabras resonaron en la llanura y llegaron hasta mis oídos. Como los demás, yo también estaba atónito. En ese momento, Pentesilea puso en tierra la rodilla derecha, tensó la cuerda del arco y disparó tres flechas contra Aquiles, una detrás de otra. Todas dieron en el blanco: la primera quedó clavada en el escudo; la segunda atravesó la coraza, aunque no llegó a herirlo; pero la tercera se hundió en el costado derecho. Entonces, el de los pies ligeros corrió hacia ella y, sin piedad, le atravesó el pecho con su lanza. Pentesilea lo miró a los ojos y sonrió enigmáticamente. Para entonces, el sol se alzaba en el cielo. Sus rayos iluminaron el rostro de la amazona, a punto ya de morir. Aquiles no había visto nada tan bello. Una intensa emoción embargó su pecho. Era amor. Amor a la libertad. Amor a Pentesilea, que había sacrificado su vida por este ideal y ahora cerraba sus ojos para dormir un sueño de bronce.

Pentesilea no había tenido ninguna oportunidad. Aquiles era invulnerable. Ningún arma podía herir su cuerpo, salvo en el talón, el punto por donde su madre, Tetis, lo había sujetado el día en el que lo había sumergido en la laguna Estigia. Me sentía impotente. Tomé el arco que guardaba en mi cámara y disparé una flecha. El proyectil voló hacia el cielo. Era una acción desesperada. A esa distancia no podía dar en el blanco. Sin embargo, en ese momento, un rayo de luz destelló en su punta, cambió de trayectoria y comenzó a caer a una velocidad formidable. Lo sé. No fui yo, fue Apolo, dios del sol, quien guio mi flecha hasta el talón de nuestro enemigo. Aquiles cayó en tierra sobre ambas rodillas. Una lágrima brotó de sus ojos. No temía la muerte, por eso creo que lloraba por Pentesilea.

5. LA ASTUCIA DE ULISES

La desgracia se cebaba con el ejército griego. Primero había sufrido los estragos de la peste. Luego, los troyanos habían asaltado su campamento y habían prendido fuego a las naves. Después, las amazonas habían diezmado sus fuerzas. Y, por último, el propio Apolo había provocado la muerte de Aquiles. Fue entonces cuando Agamenón convocó una asamblea.

—Queridos amigos, os he convocado para que tomemos una decisión. Llevamos diez años sitiando Troya sin conseguir la rendición de la ciudad. Al contrario, cada vez perdemos más hombres. Hemos tenido que lamentar la muerte de cientos de compañeros, como Patroclo y Aquiles, a los que aún lloramos. Es obvio que estamos siguiendo una estrategia equivocada. Si ninguno de vosotros tiene un plan, tendremos que regresar a Grecia sin cumplir nuestra misión.

—¡Yo voto por lanzar un ataque definitivo! ¡Entremos en Troya a sangre y fuego! —propuso Diomedes lanzando chispas por los ojos.

—¿Y si enviamos una embajada con una ofrenda y tratamos de negociar? —sugirió Antíloco dirigiendo a los presentes una serena mirada.

—Yo digo que hagamos lo segundo para lograr lo primero —anunció el astuto Ulises clavando su mirada en el suelo.

—No entiendo —replicó Agamenón—. ¿Qué te propones?

—Construyamos un caballo de madera con el cuerpo hueco. Ha de ser grande, de unos doce metros de altura, para que pueda albergar un grupo de guerreros ocultos en su interior. Es importante que corra el rumor de que nos retiramos. Tenemos que hacer creer a los troyanos que el caballo es una ofrenda a Atenea con la que esperamos que la diosa nos conceda un regreso venturoso. Subiremos a las naves y nos haremos a la mar. Pero no pondremos rumbo a Grecia..., volveremos a las costas de Troya amparados en la oscuridad de la noche y la ciudad será nuestra.

El plan de Ulises fue aceptado por todos. Los griegos se pusieron manos a la obra. Talaron árboles y utilizaron su madera para hacer tablones, con los que construyeron un caballo gigantesco. Al verlo, los troyanos pensaron que estaban fabricando un ariete con el que romper las puertas de la ciudad, pues aquella mole estaba provista de ruedas. Una vez más, el desánimo cundió entre la población.

Todos temían un ataque inminente. Se dobló el número de centinelas que hacían guardia en las murallas y las fraguas empezaron de nuevo a forjar armas. Sin embargo, el temor dejó paso al asombro el día en que el caballo quedó terminado y, en lugar de lanzar un ataque, observaron que los griegos se preparaban para partir. Desmontaron las tiendas, cargaron las naves, subieron a bordo y... zarparon.

La playa quedó desierta, salvo por aquel enorme caballo. Después de diez años de guerra, los troyanos salieron jubilosos de su ciudad deseando celebrar el fin del asedio al que se habían visto sometidos. Unos se bañaban en el mar, otros paseaban por la orilla, pero la mayoría se arremolinaba en torno a aquel coloso de madera que tenía a todos en suspenso. De pronto se oyeron gritos. Unos pastores habían descubierto a un griego. Los guardias lo capturaron inmediatamente y lo llevaron ante el rey Príamo.

—¿Cuál es tu nombre, extranjero? Y ¿por qué no has regresado a tu patria como han hecho los demás? —preguntó el monarca.

—Me llamo Sinón.

—¡Sinón, el primo de Ulises! —exclamó Paris sorprendido.

—Así es. Y por su causa he sido abandonado en vuestra tierra. Después de diez años de guerra, Agamenón convocó un consejo para decidir qué hacer. Muchos abogaron por continuar la lucha. Yo, en cambio, propuse regresar a Grecia. Mis razones fueron más convincentes y acordamos levantar el asedio y volver a casa. Ulises, que ambicionaba presentarse en su patria, Ítaca, con un rico botín, me acusó de frustrar sus planes y, como castigo, me abandonó aquí, a merced del enemigo.

Un murmullo recorrió la muchedumbre. Todos sentían compasión por el infortunado.

—¿Y este caballo? —quiso saber entonces el rey Príamo.

—Se trata de una ofrenda a Atenea con la que los griegos esperan que la diosa les conceda un regreso venturoso.

Esta revelación provocó un enorme alboroto entre el gentío. Unos querían lanzarlo al mar, otros se inclinaban por quemarlo, pero la mayoría deseaba conservarlo como recuerdo de aquel feliz día. Príamo zanjó la discusión:

—Tomad unas maromas, atadlas al caballo y arrastradlo a la ciudad. Lo colocaremos en el centro de Troya para recordar el día de nuestra liberación. Y tú, Sinón, no temas. Abogaste por la paz y eso te honra. Te acogeremos y, a partir de ahora, vivirás como uno más de nosotros.

—No sé cómo daros las gracias, mi rey. Contad con mi gratitud y mi fidelidad eternas.

Los troyanos se apresuraron a cumplir las órdenes de su rey. Al atardecer, el caballo se alzaba frente al palacio de Príamo y la ciudad entera celebraba el fin de la guerra danzando a su alrededor. La fiesta duró hasta bien entrada la noche. Entonces, los habitantes de Troya, después de un día lleno de emociones, se retiraron a sus casas a descansar. Las plazas y las calles de la ciudad quedaron desiertas.

Entonces, Sinón subió a las almenas de la ciudad y encendió una hoguera. Era la señal convenida para que la flota griega regresase a Troya. A continuación, corrió al caballo, abrió sus flancos y permitió que los guerreros ocultos en su interior salieran. Ulises, que había urdido el engaño; Menelao, dispuesto a llevarse a Helena por la fuerza; Diomedes, que solo pensaba en vengar la muerte de su compañero Aquiles; Filoctetes, hábil con el arco; Áyax, con su gigantesco escudo... y así hasta veintinueve hombres.

No les resultó difícil acabar con los centinelas. Tras la partida de los griegos, la guardia se había reducido a un puñado de hombres. Filoctetes se deshizo de ellos con sus flechas. A continuación, Ulises abrió las puertas de la ciudad. Los griegos, que ya habían regresado y aguardaban fuera, entraron en tromba. El destino de Troya estaba sellado.

—¡Sangre y fuego! —gritó Diomedes, lanzando una antorcha sobre el tejado de la casa que tenía al lado.

El astuto Ulises sonrió. Su plan había dado resultado.

6. LA REBELDÍA DE ANTÍGONA

Helena se asoma a la ventana. Troya está ardiendo. Espesas columnas de humo se elevan hacia el cielo. Se oyen gritos. Hay carreras por las calles. La gente trata de huir. ¿No debería hacer ella lo mismo? Aprieta los puños, aprieta los dientes. Siente rabia e impotencia. Se da la vuelta, baja las escaleras, atraviesa el palacio. Está desierto. Todos han salido a defender la ciudad. Entra en el salón del trono. Encuentra a Príamo. Al anciano le tiemblan las rodillas. ¿Huir? ¡Jamás! No es una cobarde. Permanecerá allí hasta el final. Vivirá o morirá con los suyos. Avanza hacia el anciano y lo conforta dándole un abrazo.

Así son las princesas griegas. Así fue Antígona, princesa de Tebas. También ella tuvo que tomar una decisión. ¡Y no fue nada fácil!

Al morir su padre, Eteocles y Polinices, sus hermanos, decidieron repartirse el poder: reinarían alternativamente, un año cada uno. Eteocles fue el primero en gobernar. Por desgracia, cuando acabó su mandato, se negó a ceder el trono a su hermano y esto desató una guerra civil, con terribles consecuencias tanto para el pueblo como para la familia real: Polinices fue muerto por su hermano, a quien este, a su vez, asesinó antes de perecer.

Así las cosas, el trono le correspondió a Creonte, tío de Antígona y de los dos infortunados que habían perdido la vida en la batalla. El nuevo rey organizó un solemne funeral para Eteocles y dispuso que el cuerpo de Polinices, que había luchado contra su patria, quedase insepulto. Antígona no podía creer que su tío fuese capaz de semejante tropelía. ¡El cadáver de su hermano a merced de las aves y de los animales salvajes! Sentía rabia e impotencia. ¿No debería hacer algo? Apretó los puños y los dientes, salió del palacio, fue a buscar el cuerpo de su hermano y le dio sepultura con sus propias manos. Por desgracia, los guardias de Creonte la descubrieron, fue detenida y llevada ante el soberano.

—¿A quién traéis detenida?

—A su sobrina, mi rey. La sorprendimos sepultando el cadáver de Polinices.

—¿Qué dices a estas acusaciones, Antígona?

—Que son ciertas, tío. No voy a negar que he dado sepultura a mi hermano.

—¿Y sabías que yo había ordenado, bajo pena de muerte, que nadie hiciera lo que tú has hecho?

—Lo sabía.

—Entonces ¿por qué osaste contravenir mi orden?

—Porque no podía permitir que el cadáver de Polinices fuera devorado por las aves y los animales salvajes. Era mi deber como hermana.

—¿Y qué hay de tu deber como ciudadana de Tebas? ¿Acaso piensas que estás por encima de la ley?

—En absoluto. ¿Y tú? ¿Crees que tus órdenes están por encima de la ley eterna de la justicia? Yo no me rebelé contra la ley, me rebelé contra la tiranía.

—Pues eres la única entre los tebanos que piensa así.

—Todos piensan lo mismo que yo, solo que por miedo a ti cierran la boca. Yo no. ¿Acaso es una vergüenza dar sepultura al hermano nacido de la misma madre y del mismo padre que yo? No, al contrario, es un deber y un orgullo.

—Jamás el enemigo, ni aun muerto, es amigo.

—Yo no nací para compartir con otros odio, sino amor.

—Entonces amarás a los muertos. Mientras viva, no consentiré que en Tebas triunfen los caprichos de una mujer, ¡aunque sea mi sobrina! Yo te condeno a muerte. ¡Guardias! Lleváosla y encerradla en la tumba de su padre y de su hermano, ¡que comparta con ellos su destino!

Antígona escuchó las palabras de Creonte sin mover un músculo. Su rostro no reflejaba tanto horror como desprecio. A través de la noche llegaban voces de personas, tebanos que protestaban contra la tiranía de Creonte y pedían paz. La joven sintió una infinita compasión por ellos. Dentro de poco habría abandonado este mundo y encaminaría sus pasos hacia el Hades; sus conciudadanos, en cambio, seguirían atrapados en la prisión sin muros ni rejas en la que se había convertido su patria.

La noche en que cae Troya, Helena actúa como habría actuado Antígona. Ahora que los griegos van a apoderarse de la ciudad, solo hay un modo de rebelarse contra ellos: optar por el bien, igual que la heroína tebana optó por la justicia, sacrificando incluso su propia vida. Helena mira a los ojos al anciano Príamo y lo que ve en ellos es un profundo respeto y una infinita gratitud.

7. LA PIEDAD DE ENEAS

Troya fue destruida. Y, con ella, sus habitantes. Aunque no todos. Mientras Ulises, Menelao, Diomedes, Filoctetes y Áyax salían del caballo en cuyo vientre habían permanecido ocultos y, tras descolgarse por una cuerda, recorrían la ciudad causando estragos, el alma de un héroe caído en combate salía de su tumba para alertar a un viejo amigo.

—¡Despierta, Eneas!

—¡Héctor! ¿Eres tú? ¿Cómo es posible? ¡Habías muerto! ¡Yo mismo asistí a tu funeral! ¡Ay de mí! ¿Estoy hablando con un fantasma?

—Así es, querido amigo. Pero no temas. He venido para evitar tu perdición y la de los tuyos. Los griegos han conseguido entrar en la ciudad. Troya va a ser destruida esta misma noche.

—¡El caballo! ¡Era una trampa y hemos caído en ella!

—Así es. Ulises os engañó a todos escondiéndose en su vientre con treinta guerreros y enviando a su primo Sinón para confundiros, haciéndoos creer que se trataba de una ofrenda a Atenea.

—¡Ay de nosotros! ¿Qué puedo hacer?

—¡Huye, Eneas! Ponte a salvo. El enemigo ya está dentro de las murallas. Troya se derrumba desde lo más alto. Las llamas lo devorarán todo. Reúne a tu familia y a tus amigos, surca el mar y funda con ellos una nueva nación. ¡Que los dioses te protejan!

La figura de Héctor se desvaneció entre las sombras. Eneas se levantó del lecho, tomó la espada y subió corriendo a la azotea de la casa en la que vivía con su esposa Creúsa, hija de Príamo y hermana de Héctor, su hijo Ascanio y su anciano padre Anquises. Troya descansaba en silencio. Todos dormían. ¿Habría tenido una pesadilla? Cuando estaba a punto de volver a su alcoba, algo llamó su atención. Un resplandor iluminó la noche. Procedía del lugar en el que habían colocado el caballo. Al instante siguiente vislumbró unas llamas y la primera columna de humo alzándose sobre un tejado. ¡No lo había soñado! ¡Héctor había venido a avisarle!

—¡Despierta, Creúsa! ¡Tenemos que salir de aquí! ¡Ascanio! ¡Recoge tus cosas! ¡Deprisa! ¡Nos marchamos!

—¿Qué ocurre? —preguntaron esposa e hijo prácticamente al unísono.

—¡Los griegos han entrado en la ciudad! ¡Troya será destruida esta misma noche!

—¡Mi padre, mi pobre padre! —gimió Creúsa.

—Pasaremos por su palacio antes de irnos. Ascanio, ¡ayuda a tu abuelo Anquises! ¡Venga! Apenas queda tiempo.

En pocos minutos, Eneas y su familia avanzaban por las calles hacia el palacio de Príamo. La gente corría de un lado a otro, presa del pánico. Los incendios se extendían por toda la ciudad. Al pasar por delante del templo de Apolo vieron que un grupo de guerreros sacaba a Casandra, la sacerdotisa, hija de Príamo, arrastrándola de los cabellos. Al ver a su hermana, Creúsa estuvo a punto de desmayarse. Pero Eneas la sostuvo y siguieron avanzando.

Llegaron por fin al palacio. La puerta había saltado en pedazos bajo el ímpetu de un ariete. El edificio estaba vacío, salvo por un puñado de personas que habían buscado refugio en él. Entre ellos, estaba Acates, fiel amigo de Eneas.

—¿Qué ha ocurrido aquí? ¿Dónde está Príamo? —preguntó Eneas.

—Los griegos se lo han llevado. Su guardia trató de impedirlo, pero fue en vano. Todos cayeron —respondió Acates.

Creúsa y Ascanio comenzaron a sollozar.

—¿Y estos? —quiso saber Eneas.

—Son Sergesto, Acmón, Miseno y Yápige. Trataban de huir con sus familias, pero, al igual que nos ha sucedido a mí y a los míos, han quedado atrapados aquí. No sabemos adónde ir —confesó Acates desolado.

—Yo sí. ¡Coged vuestras cosas y seguidme!

Eneas avanzó con decisión por el palacio. En una de las salas posteriores había un altar dedicado a los dioses Penates, honrados por los troyanos, protectores del hogar. El héroe tomó las imágenes y se las entregó a su hijo.

—Guárdalas. Las necesitaremos en nuestra nueva patria.

Ascanio miró a su padre sin comprender. Las estatuas representaban a dos jóvenes sentados que portaban sendas lanzas.

—¿Qué pretendes que haga con esto? ¡Pesa una barbaridad! ¿De qué nos va a servir allá adonde vamos? —se quejó el joven.

—¿Te acuerdas de Atis?

—¡Por supuesto que sí! Fuimos amigos desde niños. ¿Cómo iba a olvidarme de él?

—Así es. Erais inseparables. Troya no ha visto mejores jinetes que vosotros. La ciudad al completo estaba pendiente de ambos cada vez que competíais en una carrera, hasta que...

—Hasta que Atis y su familia se marcharon al norte —murmuró Ascanio, completando con tristeza la frase que había iniciado su padre.

—¿Recuerdas lo que hicisteis la víspera de su partida? —preguntó Eneas.

—Lo recuerdo muy bien. Tomamos una moneda de plata y la dividimos en dos mitades. Atis se llevó una y yo me quedé con la otra.

—¿Conservas la mitad de esa moneda?

—La llevo siempre conmigo —respondió Ascanio agarrando el colgante que pendía de su cuello.

—¿Por qué?

—Es un símbolo de fidelidad y amistad.

—¿Te desprenderías de ella?

—¡Jamás! Es un vínculo que nos une. Aunque esté ausente, este trozo de plata me acerca a él.

—¡Exacto! Lo mismo ocurre con la imagen que tienes entre tus manos. Es un símbolo de nuestro hogar, de la patria que ahora perdemos, pero que aspiramos a recuperar. Dejarlo atrás sería una falta de piedad para con los dioses y para con nuestro pueblo. ¿Lo entiendes?

Ascanio asintió con la cabeza. Agarró con fuerza las imágenes y se dispuso a seguir a su padre.

Entonces, Eneas empujó con fuerza el altar. Era una puerta falsa. Al retirarlo apareció la entrada a un pasadizo. Los troyanos tomaron antorchas, atravesaron el umbral y penetraron en el subterráneo. Recorrieron oscuras galerías que parecían no tener fin. De pronto, una corriente de aire azotó su rostro. Siguieron adelante y no tardaron en salir al exterior. Se encontraban en la ladera del monte Ida. Comenzaron a ascender hacia la cumbre. Apenas habían avanzado unos metros cuando Anquises, el padre de Eneas, cayó al suelo.

—Continuad, hijo. Ya no cabe retraso alguno. Salvaos. Salvad a mi nieto. Troya cuenta con vosotros para que su estirpe no se extinga. Yo no puedo seguiros. Dejadme aquí.

—Vamos, padre, súbete a mis hombros. Yo te llevaré sobre mi espalda. Pase lo que pase, permaneceremos unidos: pereceremos o nos salvaremos juntos. ¡Amigos! En la cumbre del monte hay un túmulo, un antiguo templo y un viejo ciprés que la piedad de nuestros padres guardó durante muchos años. Nos reuniremos en ese lugar. Allí estaremos a salvo. Y, ahora, ¡corred!

Los fugitivos se dispersaron, tratando cada cual de llegar a la cumbre por el camino que les pareció más fácil. Eneas y los suyos quedaron atrás. El héroe ascendía penosamente, llevando a su padre a cuestas. La fatiga le cortaba la respiración. A su espalda se oían gritos que ponían los pelos de punta, pero Eneas no se detuvo. Continuó su camino. Una lenta ascensión que parecía no tener fin.

Rayaba el alba cuando por fin alcanzaron la cumbre. Anquises puso pie en tierra y Eneas alzó su alta frente. Entonces se encontró asombrado ante una gran muchedumbre: hombres, mujeres y niños, que, como ellos, habían acudido a aquel lugar dispuestos para la marcha.

—¡Ascanio! —gritó una voz.

El hijo de Eneas, que no se había separado de su padre en ningún momento, se giró.

—¡Atis! —exclamó—. ¿Eres tú? ¿Qué estás haciendo aquí?

—Mi familia y yo hemos tenido que huir. Las aldeas del norte están amenazadas por los griegos. Antes o después sufrirán el mismo destino que Troya.

Atis observó el colgante que Ascanio llevaba al cuello. Él había fabricado otro semejante con la mitad de la moneda que habían partido hacía años. Los jóvenes tomaron los dos fragmentos y los juntaron. Coincidían perfectamente. Separados o no, conformaban una unidad. Igual que ellos e igual que su pueblo.

Eneas miró hacia el valle y contempló Troya. Toda ella parecía asentada sobre una hoguera. Las llamas se reflejaban en las nubes del cielo y sobre las aguas del mar. Cualquiera habría dicho que el orbe entero se consumía en aquel incendio.

—¡Amigos! Reunid a vuestras familias y emprendamos el camino. Buscaremos una nueva patria. Hay un lugar al que los troyanos llamamos Hesperia y otros llaman Italia. Allí encontraremos un nuevo hogar, allí viviremos en paz y fundaremos la ciudad más grande que haya visto la humanidad, una ciudad eterna. Navegar siempre es duro, pero los dioses, que guían a los piadosos, nos ayudarán. ¡Seguidme!

EL AMOR (Y EL DESAMOR)

¡Aquí me tenéis de nuevo! Hermes, el mensajero de los dioses, vuestro guía en el mundo de los mitos clásicos. ¿Os han gustado las historias de nuestros héroes y nuestras heroínas? ¡Seguro que sí! Son emocionantes, ¿no os parece? La verdad es que nuestra vida es muy movida. Sobre todo la mía, que me paso el día de un lado para otro, llevando y trayendo recados. ¡Menos mal que soy discreto y no le cuento nada a nadie! Si algún día me diera por hablar..., ¡no os podéis hacer idea de la cantidad de secretos que revelaría! ¡A más de uno le sacaría los colores! Pero eso no sucederá, ¡soy una tumba!

A decir verdad, gran parte de los enredos en los que me he visto envuelto los ha causado Eros, el hijo de Afrodita, la diosa del amor. ¡Yo no sé en qué piensa este muchacho! ¡A ver si se le pasa el pavo y sienta la cabeza!

Es cierto que siempre ha sido muy inquieto. De pequeño se pasaba el día entero revoloteando por ahí y haciendo travesuras. Una vez le dio por subirse a lomos de un delfín para cabalgar sobre él. El pobre animal se quejó a Poseidón y este se puso hecho una furia. Subió al Olimpo a hablar con su madre y le reprochó que no educase mejor a su hijo. Otro día se le ocurrió robarle la miel a unas abejas, que se revolvieron contra él y lo pusieron fino. ¡Qué disgusto se llevó la pobre Afrodita al verlo lleno de picotazos! En aquella ocasión lo dejó en casa castigado. Pero no escarmentó, salió al jardín y fue derechito a los rosales que cultivaba su madre. Recuerdo que daban unas flores blancas preciosas. Pues resulta que el mozalbete se pinchó con las espinas y su sangre tiñó de rojo los pétalos. Desde entonces, en el Olimpo solo hay rosas rojas. Su madre trató de disculparlo y aseguró que aquel color les daba carácter. ¡Hasta se inventó un significado para cada variedad! Las rosas blancas son el símbolo de la amistad; las rojas, de la pasión; las amarillas, de los celos... ¡Qué barbaridad! ¡Lo que hacen algunos para justificar a sus hijos!

El caso es que la pobre mujer, que como es natural debía de andar muy preocupada, creyó que las cosas se arreglarían si Eros practicaba alguna afición. ¡Lo que necesitaba el chico era una actividad con la que canalizar toda esa energía! Se puso a pensar. Una tarde vio que al pequeño se le iban los ojos detrás del arco de Apolo y al momento supo que había encontrado la solución. ¡Le regaló un arco y un carcaj con flechas! ¡En qué hora! Al principio, mientras aprendía a disparar y afinaba su puntería, todo fue bien. En poco tiempo se convirtió en un excelente arquero... y entonces empezó a aburrirse. ¿Qué discurrió? Sustituyó las puntas de bronce de las flechas por otras de oro y de plomo, bajó volando a la tierra y se puso a disparar al corazón de los hombres y de las mujeres. Quienes recibían una flecha de oro se rendían al amor, quienes recibían una flecha de bronce se mostraban indiferentes e incluso ingratos. A Eros le parecía divertidísimo emparejar y desemparejar a la gente. ¡Os podéis imaginar el follón que se montó ahí abajo! Arión amaba a Antea, pero esta lo rechazaba porque quería a Denes, que a su vez bebía los vientos por Cloe, la cual solo tenía ojos para Eudor a pesar de que este no la podía ni ver.

Afrodita perdió la poca paciencia que le quedaba, se quitó la sandalia y salió corriendo detrás de él con la intención de darle una azotaina. Lo amenazó con quitarle el arco e incluso con cortarle las alas si no dejaba de incordiar. Pero ¡no hubo manera!

Fue entonces cuando Apolo se ofreció a echarle una mano con el chaval. ¡No podía ser tan malo como decían! El problema es que nadie había sabido motivarlo adecuadamente.

8. APOLO Y DAFNE

Apolo presumía de ser el mejor arquero del mundo. Sus flechas eran certeras y mortales. Así que una mañana bajó con Eros al valle del Tempe, al lado del monte Olimpo, para demostrarle cómo había que utilizar el arco. Al parecer, el hijo de Afrodita no demostró demasiado entusiasmo, al contrario, empezó a bostezar y a los cinco minutos anunció que prefería marcharse a «practicar» por su cuenta. Apolo se sintió muy ofendido.

—¡No valoras mi experiencia! ¡No aprecias mis consejos! —se quejó—. Te crees que lo sabes todo, ¿verdad? Pues, para serte sincero, pienso que las argucias que utilizas solo surten efecto en aquellas personas que no han aprendido a dominar sus emociones, bien por su juventud, bien por su ingenuidad. ¿Amor eterno? ¿Locura de amor? ¿El fuego del amor? ¡Por favor! ¿De qué estamos hablando? ¡No son más que engaños para incautos!

Estas fueron las últimas palabras de Apolo antes de darse la vuelta y alejarse del lugar. Eros se quedó muy contrariado. Remontó el vuelo y siguió a distancia al hijo de Zeus. Cerca de allí, en un claro del bosque, un grupo de ninfas vestidas con túnicas de oro y adornadas con guirnaldas de flores bailaba en corro. Apolo oyó sus risas y se detuvo un momento para saludarlas. Una de ellas, Dafne, salió a su encuentro. Sus miradas se cruzaron. Eros aprovechó esta circunstancia para tomarse la revancha: disparó al corazón de Apolo una flecha de oro que encendió en el dios una ardiente pasión por Dafne y, a continuación, una saeta de plomo al pecho de Dafne, que impulsaría a la ninfa a rechazarlo. Apolo sintió un escalofrío que lo sacudió de pies a cabeza. No podía apartar los ojos de ella, pero se sentía incapaz de decir nada. Era como si su lengua hubiera dejado de obedecerle. De pronto, un fuego sutil se extendió por todo su cuerpo. Su vista se nubló. Los oídos le zumbaban. Un sudor frío cubrió su frente. Se lo veía pálido. Si no hubiera sido imposible, cualquiera habría dicho que estaba al borde de la muerte.

—¿Querrías venir conmigo al Olimpo, hermosa Dafne?

—tartamudeó el dios—. Te convertirías en mi esposa y gozarías de las bienaventuranzas de los inmortales.

—Bueno, Apolo, me siento halagada. Escucha... No quiero herir tus sentimientos, pero he de ser sincera contigo: mi corazón no se inclina a amarte y no puedo ir contra él.

—Te adoro, Dafne. Necesito tenerte a mi lado. Cuando cierro los ojos, solo veo tu hermosa figura. Si no quieres acompañarme por las buenas..., recurriré a la fuerza.

Al escuchar aquello, los ojos de Dafne se abrieron desmesuradamente. La ninfa salió corriendo con toda la rapidez que le permitían sus pies. Dejó el bosque y se encontró en campo abierto. Apolo iba acortando la distancia que lo separaba de ella. Al volver la vista atrás, supo que no lograría ponerse a salvo, pues el dios estaba a punto de darle alcance. Entonces ocurrió algo que nadie esperaba. En cuanto los dedos de Apolo rozaron su cuerpo, sus ojos azules se volvieron verdes, su cuerpo se cubrió de corteza, sus pies, hechos raíces, se hundieron en el suelo, y sus brazos y sus cabellos se convirtieron en ramas cubiertas de hojarasca. Dafne se había transformado en laurel. Apolo, que venía lanzado, casi se estrella contra el tronco. En ese momento escuchó unas risas, levantó la vista y vio a Eros revoloteando sobre él.

—¡Qué pasada! ¡Qué pasada! —repetía el jovencito.

—¿Has sido tú?

—¿Yo? ¿Cómo puedes pensar eso, Apolo? El amor no es más que un engaño para incautos.

—¡Eres un descarado! ¡Ahora mismo me vuelvo al Olimpo y se lo cuento todo a tu madre!

Así es Eros. Unos lo odian y otros lo adoran, pero no deja indiferente a nadie. ¡Ni siquiera a Apolo! Después de aquello, Afrodita tiró la toalla. Todos deseamos que un día madure y deje de jugar con nosotros, pero no parece muy dispuesto a cambiar. ¡Qué le vamos a hacer! Me encantaría quedarme con vosotros contándoos sus historias, pero será mejor que las descubráis por vuestra cuenta en las siguientes páginas. Acabo de sentir unas alas que pasaban rozándome la cabeza y me temo lo peor. ¡Andaos con ojo! Uno nunca sabe dónde va a encontrarse con Eros ni con qué flecha va a herir su corazón.

9. ORFEO Y EURÍDICE

Soy Orfeo, príncipe de Tracia. Crecí en la corte del rey Eagro, mi padre. Era un hombre piadoso, amado por los dioses. Por eso, tuve el privilegio de recibir una lira como regalo de Apolo y de ser instruido por las musas en el canto y la poesía. Gracias a ellas me convertí en el mejor músico que haya existido. El poder de mis melodías era tal que encantaban a las fieras, conseguían que los árboles se inclinasen, ablandaban la dureza de las rocas, detenían los ríos, aplacaban la furia de los elementos y, lo más importante, permitían que los hombres conociesen sus sentimientos más íntimos.

En mi juventud corrí todo tipo de aventuras. Regresé por fin a mi patria y conocí a la mujer de mi vida, Eurídice, que se convirtió en mi esposa. Éramos muy dichosos. Juramos que nuestro amor sería eterno, pero el destino nos deparaba una trágica prueba. Tracia es fértil, una tierra llena de verdes sauces y de manzanos silvestres, de impetuosos torrentes y de fragorosas cascadas, cuyas aguas se remansan de vez en cuando formando apacibles lagunas que invitan al baño. Solíamos nadar en una de ellas hasta la caída de la tarde y luego nos tendíamos sobre la fresca hierba para contemplar las estrellas.

Ocurrió una noche de luna llena. El astro resplandecía en el firmamento iluminando el sombrío paisaje con su claridad.

—¡Cuánto me gustaría poder tocar la luna! —comentó mi mujer.

—Ven conmigo.

La tomé de la mano y me acerqué con ella a un manantial que vertía sus aguas en nuestra laguna. La luna se reflejaba sobre su superficie, poniendo a nuestro alcance lo que estaba a una distancia fabulosa por encima de nuestras cabezas.

—Adelante, tócala.

Ella, sonriendo, extendió las palmas de sus manos hacia el astro. El nítido reflejo se llenó de ondas en cuanto rozó el agua. Por un segundo, Eurídice había conseguido acariciar la luna con las yemas de sus dedos, pero luego las sombras habían ascendido desde el fondo del manantial engullendo su figura.

—Ha sido precioso —susurró—, pero supongo que los dioses nos impiden traer con nosotros aquello que no es de este mundo.

Fueron sus últimas palabras. Cuando se apartaba del manantial, una expresión de dolor atravesó su rostro. Alcancé a ver la serpiente que acababa de morderla en el talón.

No pude hacer nada para salvar su vida. Esa noche perdí a mi mujer.

No podía admitir lo que había sucedido. El eco de sus palabras resonaba en mi cabeza una y otra vez. Debía hacer algo o me volvería loco... y tomé una decisión: bajaría al reino de Hades, buscaría a mi esposa y la traería de vuelta conmigo, una empresa que ningún hombre antes que yo había acometido.

Para entrar en el inframundo me dirigí al río Aqueronte. Al anochecer, la niebla y la oscuridad cubrieron sus aguas. Las almas de los difuntos empezaron a congregarse alrededor de mí: venerables ancianos y jóvenes doncellas, vigorosos soldados caídos en la guerra y nobles varones que habían disfrutado de una vida larga y próspera, poderosos reyes y pobres mendigos. Entonces, cortando las aguas, se acercó a tierra una balsa gobernada por un anciano de aspecto mísero y barba descuidada, vestido de harapos y con un sombrero redondo. Era Caronte, el barquero que se encarga de trasladar las almas de los muertos a través de las pantanosas aguas del río hasta el Hades. Saltó a tierra, examinó a los allí reunidos y finalmente reparó en mí.

—Orfeo de Tracia, ¿qué vienes a buscar en este embarcadero?

—Busco a Eurídice, mi esposa.

—Lo lamento, pero ella ya no está aquí. Se encuentra en la orilla opuesta, donde ningún mortal puede poner el pie.

—Te imploro, Caronte, que te apiades de mi desgracia. Y, como no puedo expresar con palabras el dolor que siento, trataré de hacerlo con mi música.

Tomé la lira y me dejé guiar por mi fantasía. Los presentes escucharon en silencio, unos con cariño, otros con hastío. Sin embargo, después de las primeras notas, de los primeros acordes, la expresión de su rostro se transformó. En sus pálidas mejillas apareció un ligero rubor; sus ojos, hasta hacía poco claros y serios, mostraban un brillo extraño, acuoso. Sus rasgos revelaban una violenta turbación. Se los veía fuertemente conmovidos, como si algo los hubiese tocado en lo más hondo de su ser. ¡Qué melodía! Continué improvisando. De mis dedos surgían, como por arte de magia, motivos de una espléndida riqueza, con los que mi música iba adquiriendo un acento más entrañable, más hermoso. Cuando acabé, aquellas almas errantes lloraban de emoción.

Caronte, con la voz quebrada, dijo:

—Sube a la barca. Partiremos enseguida.

Fui el primero en saltar a bordo. Detrás de mí, pasó el resto. La travesía no duró mucho. Descendí de la barca para enfrentarme a un nuevo reto. Los dominios de Hades están guardados por Cerbero, un perro con tres cabezas y cola de serpiente que se encarga de impedir la entrada a los vivos y la salida a los muertos. Al acercarme, empezó a gruñir. Entonces comencé a silbar mi melodía, el monstruo se apaciguó y me permitió seguir adelante.

Divisé a lo lejos el palacio de Hades y, tras él, los Campos Elíseos, morada de los bienaventurados. Hacia allí encaminé mis pasos. Al llegar encontré en la puerta una rama dorada, la tomé en mi mano y crucé el umbral de la mansión que habita el dios de los muertos.

—Bienvenido, Orfeo, príncipe de Tracia. ¿Qué vienes a buscar al reino de Hades?

—Busco a Eurídice, mi esposa.

—Está con nosotros. Habita en los Campos Elíseos, donde ningún mortal puede poner el pie.

—Te imploro, Hades, que te apiades de mi desgracia.

—Orfeo, príncipe de Tracia, no puedo atender tu petición. Debes aceptar el orden de la vida y de la muerte. Portas en tu mano la rama dorada, símbolo de la vida. Utilízala para volver a tu patria. Ella te permitirá ascender de nuevo hasta la luz. Sé que has llegado hasta aquí por amor, por eso no te castigaré. Ahora, vete en paz.

Hades acababa de darme la espalda cuando empezó a escuchar una música dulce y amarga a la vez. ¡Qué melodía! ¡Aún no sé cómo pude concebir algo así! Un motivo sencillo, breve, pero capaz de abstraer al oyente del mundo y llevarlo al éxtasis supremo, una gracia absolutamente incomparable. El señor de los muertos se sentó en su trono, apoyó la cabeza sobre la mano y escuchó con veneración aquellos maravillosos sonidos... Y experimentó lo que había experimentado Caronte, lo que habían experimentado las almas que cruzaron en su balsa aquel día... Un mundo nuevo, desconocido, se alzó frente a él, una esfera lejana, fantástica, una verdad que se siente en lo más hondo, pero que no se puede explicar... Cuando acabé, los ojos de Hades estaban bañados en lágrimas.

—De acuerdo, Orfeo. Ahora comprendo el dolor que sientes. Puedes volver sano y salvo a tu patria portando la rama dorada... o puedes desprenderte de ella para tomar la mano de Eurídice y regresar juntos al mundo de los vivos. Pero escúchame bien: si haces esto último, no podrás volver la vista atrás para mirarla hasta que os halléis por completo fuera de las tinieblas, de otro modo la perderás para siempre.

Al escuchar aquellas palabras, arrojé la rama dorada al suelo y, al momento, me vi transportado fuera del palacio. Tenía a mi espalda los Campos Elíseos. Sentí la mano de Eurídice en la mía, la apreté con fuerza y comencé a caminar. Nos internamos por un sendero que nos llevó hasta una gruta. A partir de allí avanzamos en la más completa oscuridad. Era evidente que ascendíamos. Mi corazón estaba henchido de felicidad. Dentro de poco podría volver a estar cara a cara con mi esposa. Ya vislumbraba la salida cuando la inquietud se apoderó de mí. Eurídice guardaba silencio, ¿se encontraría bien? ¿Estaba en verdad siguiendo mis pasos? No podría explicar de dónde me vino aquel impulso, solo puedo decir que pasó por mi mente como un relámpago. Entonces volví la mirada y vi... por última vez a mi mujer. Las sombras ascendieron desde el fondo de la sima y engulleron su figura.

Desde entonces he rehuido el trato con las gentes. Mi vida es triste y mi música, melancólica. Pero aún me queda la esperanza. Conozco el destino que me aguarda. No tengo miedo. Antes o después volveré a verla. Y ese día ni los dioses del Olimpo ni los espectros del Hades conseguirán separar mi alma de la de mi amada Eurídice.

10. PÍRAMO Y TISBE

Píramo y Tisbe eran vecinos, vivían en casas contiguas y se puede decir que habían crecido juntos. Cuando alcanzaron la juventud empezaron a gustarse y, con el tiempo, esa primera pasión se convirtió en amor. La pareja habría acabado casándose de no ser porque sus padres se opusieron al enlace y les prohibieron que siguieran viéndose. Ellos, sin embargo, consiguieron burlar su vigilancia gracias a una rendija que existía en la pared que separaba sus casas, a través de la cual podían comunicarse cuando caía la noche y se retiraban a sus alcobas para descansar.

—Tisbe, ¿estás ahí?

—Sí, Píramo, estoy aquí, al otro lado de la pared.

—Esta mañana te vi a lo lejos. Bajabas a por agua a la fuente. Te seguí a distancia, busqué un lugar discreto desde el que observar y me quedé allí, mirándote. Charlaste un rato con tus amigas, luego llenaste el jarro, lo cargaste en la cadera y empezaste a caminar hacia la casa de tus padres. Estabas muy guapa. Te habías peinado y llevabas el cabello trenzado con una cinta de oro. Cuando llegaste a la plaza, todo el mundo se quedó en silencio y volvió sus ojos hacia ti para admirar tu belleza. Hombres y mujeres alababan tu dulzura, las muchachas se quedaban fascinadas y los jóvenes suspiraban a tu paso. Me detuve en una esquina y te seguí con la vista hasta que te perdiste entre la gente que llenaba las calles.

—¡Odio esta pared que nos separa! —se lamentó Tisbe.

—No lo hagas, pues lo que nos separa también nos une: gracias a ella podemos hablar cada noche.

—Tienes razón, pero cada día me duele más vivir apartada de ti.

—¿Qué otra cosa podemos hacer? Nuestros padres se oponen a nuestro amor —recordó Píramo.

—¿Y si nos vemos en secreto? —propuso Tisbe.

—¿Dónde? ¿Cómo? —preguntó su amado.

—Mañana, a esta misma hora, cuando la noche nos envuelva con su manto de oscuridad, en un lugar solitario, donde nadie nos vea... ¡Ya lo tengo! ¡En el cementerio!

—¿El cementerio? ¿Entre las tumbas?

—¿Te da miedo? —preguntó Tisbe.

—No, no es eso... Pero no me parece un buen augurio que una pareja de enamorados se dé cita en un lugar tan siniestro.

—¿Prefieres que sigamos hablando a través de la pared?

—Desde luego que no. Nos veremos mañana. Hay una tumba apartada sobre la que se alza un moral, un árbol cuajado de frutos blancos como la nieve. Nos encontraremos allí.

Se despidieron así, dando cada cual, desde su parte de la pared, un beso que no pudo llegar al otro lado.

El día siguiente se les hizo eterno. Al fin llegó la noche y Tisbe, embozada, logró salir de casa de sus padres sin que estos se dieran cuenta. Se encaminó hacia el cementerio, encontró la tumba y se sentó bajo el árbol a esperar la llegada de Píramo. La desgracia quiso que este se retrasara. Se presentó entonces una leona que venía de darse un festín con la presa que había cazado y pretendía apagar su sed en las aguas del río que corría junto al cementerio. Tisbe reconoció a la fiera por el brillo de sus ojos y, como temía por su vida, huyó y dejó caer el velo con el que cubría su cabeza. Al escuchar el ruido, el animal se acercó, encontró el velo, lo destrozó con sus garras y sus fauces, aún ensangrentadas, y siguió su camino.

Al rato apareció Píramo, lleno de ilusión por ver al fin a su querida Tisbe, pero al llegar al moral un escalofrío recorrió su cuerpo. En el suelo se distinguían con claridad las huellas de la leona. El joven trató de serenarse. Era absurdo ponerse en lo peor. Sin embargo, su corazón dio un salto cuando unos metros más allá entrevió entre unas zarzas el velo de su amada. Se acercó, recogió la prenda y comprobó que estaba rasgada y llena de sangre. Las lágrimas nublaron su vista.

—¡Ay de mí! Las fieras han devorado a Tisbe... y yo he tenido la culpa. ¡Si no me hubiese retrasado, esto no habría sucedido! ¡La habría defendido con mi espada! Ella ha muerto y yo sigo vivo. Si antes nos separaba un muro, ahora nos separa el abismo del Hades. Pero no será por mucho tiempo: esta misma noche me presentaré ante Caronte para que me lleve con mi amor.

Y, sin pensárselo dos veces, desenvainó su espada y atravesó con ella su pecho.

Poco después, Tisbe regresó al lugar de la cita, deseando encontrarse con Píramo y contarle el enorme peligro del que se había librado. Encontró entonces el cuerpo del joven y comprendió lo que había sucedido.

—¡Ay de mí! ¿Era esta la tragedia que nos deparaba el destino? ¡Pobre Píramo! El amor y su propia mano han acabado con su vida. Pero ¡yo también tengo manos y amor suficiente para herirme! ¡Te seguiré hasta el final! ¡Esta misma noche nos reuniremos en los dominios de Hades!

Y, tomando la espada de Píramo, la hundió en su seno.

El final de Píramo y Tisbe conmovió a los dioses y a los hombres. Los primeros hicieron que la sangre de los enamorados, que había caído en la tierra regando la morera bajo la que se habían dado cita, tiñera de púrpura los frutos de este árbol, que hasta entonces habían destacado por su blancura. Los segundos decidieron respetar la voluntad de los enamorados, permitiendo que descansaran al pie del árbol, en la misma tumba, unidos por fin para toda la eternidad.

11. POLIFEMO Y GALATEA

Los celos son un sentimiento angustioso que aparece cuando pensamos que la persona amada pone su cariño en otra. Son malos consejeros, porque con ellos se despiertan la vergüenza, la melancolía y la rabia. Eso fue lo que le ocurrió a Polifemo, un ser horrible, el más salvaje de todos los cíclopes: gigantes con un único ojo en medio de la frente que vivían en oscuras cavernas y se alimentaban de carne cruda.

Este Polifemo, que vivía en la isla de Sicilia, quedó prendado de una ninfa llamada Galatea, dulce como la miel, blanca como la leche, elegante como un cisne. Era un amor sin esperanza, porque la bella joven jamás pondría sus ojos en una bestia con un carácter tan feroz y un aspecto tan abominable como el cíclope: un coloso con el cabello negro, largo e hirsuto; ojos grises y apagados; nariz gruesa; una boca inmensa, torcida; labios caídos; dientes agudos, mellados, desiguales; cejas juntas y pobladas; piel áspera, manchada de cien colores; cuello corto; brazos largos; manos toscas; piernas torcidas; vestido con las pieles de las alimañas que mataba. A pesar de ello, el cíclope adoraba a la ninfa y soñaba con ella de noche y de día.

Una mañana de agosto, cuando el sol estaba en lo más alto del cielo, Galatea quiso refrescarse bañándose en un apacible estanque. Las ramas de los sauces se inclinaban sobre las aguas cristalinas. Los verdes prados, tapizados de blanda hierba y envueltos en una agradable sombra, invitaban al descanso. La hiedra trepaba por los árboles abrazando su tronco con la pasión de los enamorados. El canto de las aves se mezclaba con el susurro de las abejas que recogían el néctar de las aromáticas flores para llevarlo a sus colmenas. Todo era suavidad y armonía en un rincón que parecía creado para halagar los sentidos.

Un pastor llamado Acis, que apacentaba a sus ovejas cerca de allí, se acercó al paraje huyendo del calor del mediodía y se encontró con Galatea. Su figura era la de una joven esbelta, de piel blanca como las azucenas, un rostro más alargado que redondo, en el que destacaban sus mejillas sonrosadas, su cabello rubio y sus ojos azules, grandes, luminosos, risueños. Cuando emergió de las aguas y se sentó en la orilla para dejar que el viento secase su cuerpo, su belleza habría despertado la envidia de la propia Afrodita.

—¡Hola! —tartamudeó el pastor—. Me llamo Acis. ¿Y tú?

—Mi nombre es Galatea —respondió la ninfa, sorprendida por la presencia del joven.

—Nunca te había visto por aquí. ¿Dónde vives?

—Allí —dijo Galatea señalando hacia el mar.

—¡Ahora lo comprendo! Una joven tan hermosa solo podía ser una ninfa.

Galatea se sonrojó al escuchar las palabras de Acis, que le parecía un joven noble y apuesto. A partir de ese día comenzaron a verse con frecuencia. Paseaban por los bosques, se bañaban en los ríos, descansaban sobre la arena de la playa y, por la noche, contemplaban juntos las estrellas. Lo cierto es que formaban una pareja increíble y los propios dioses parecían bendecir su amor.

La felicidad de los jóvenes complacía a todos salvo a Polifemo. El cíclope miraba con envidia a su rival, un muchacho hermoso y robusto, dotado de todas las gracias. Él, en cambio, se veía a sí mismo como un ser deforme. Las aves del cielo, las fieras del campo, los peces del mar eran bellos y proporcionados. La naturaleza era admirable. ¿Cómo explicar entonces su aspecto, que provocaba en todos horror y aversión? ¿Cómo podía aspirar al amor de Galatea si el mundo lo consideraba un engendro? Polifemo se sentía humillado y avergonzado. Una profunda tristeza se apoderó de su corazón. Evitaba a la gente, vagaba por lugares solitarios y pasaba la mayor parte del tiempo metido en su cueva, envuelto en la oscuridad para no tener que contemplar su propia imagen.

Una tarde, cuando salía de la gruta para buscar comida, bajó la mirada hacia la playa y descubrió a Acis y a Galatea tendidos sobre la arena. El cíclope no podía apartar los ojos del rostro de su amada, en cuyos labios se dibujaba una sonrisa franca y honesta. Acis sostenía las manos de ella entre las suyas. En cierto momento se inclinó sobre la joven para darle un beso. ¡Aquello era más de lo que Polifemo podía soportar! El coloso dejó escapar un grito que resonó en toda la montaña y llegó hasta la orilla del mar. La pareja se puso en pie sobresaltada y vio a un fiero gigante bajando por la ladera del monte, arrasando todo lo que encontraba a su paso. Galatea, asustada, salió corriendo hacia las olas, su hogar, donde esperaba encontrar refugio, arrastrando tras de sí a Acis. Temiendo que el pastor escapara, Polifemo tomó una roca y la lanzó contra el muchacho con toda la fuerza de sus celos. No falló. Se oyó un golpe espantoso, como un trueno. El peñasco había caído sobre Acis y lo había aplastado. El cíclope sonrió satisfecho.

Galatea no tenía consuelo. Lloraba sin cesar abrazada a la roca que había sepultado a su amor. Pero entonces se obró el prodigio. La ninfa no podía creer lo que estaba sucediendo. ¡De la roca manaba agua! ¡Agua que se convertía en un caudaloso río que desembocaba en el mar! ¿Qué significaba aquello? La doncella estaba confundida. Entonces se incorporó y vio a su madre, Doris, hija de Océano.

—¡Madre! ¿Qué haces aquí?

—He venido a ayudarte. No podía permitir que los celos causaran tu desgracia. Acis ha sido transformado en río. Ahora nadie podrá impedir que estéis juntos por toda la eternidad. Corre hacia el mar y únete a él. Que seáis muy felices, hija mía.

Galatea no podía creer lo que estaba oyendo. Secó sus lágrimas, sonrió a su madre y caminó hacia las olas para reunirse con Acis, que la recibió con un tierno abrazo.

12. LA ESTATUA DE PIGMALIÓN

El mejor escultor de todos los tiempos se llamó Pigmalión. Su taller estaba en la isla de Chipre y hasta él llegaban encargos de los lugares más remotos, pues la fama del artista había ido creciendo y eran muchos los que deseaban contar con una de sus estatuas.

Una noche, después de una larga jornada de trabajo, cuando sus ayudantes ya se habían marchado a sus casas, se sentó a descansar en la terraza de su taller. La ciudad dormía a sus pies bajo un cielo en el que brillaban miles de estrellas. Un espectáculo hermoso. Pigmalión se sentía afortunado. Si los dioses habían creado el universo, a él se le había concedido el don de crear obras no menos hermosas. Disfrutaba con su trabajo, tenía amigos que lo querían y se preocupaban por él, la vida le sonreía. Solo faltaba un detalle para que su mundo fuera perfecto. Un detalle importante: conocer el amor. ¿Cómo sería la mujer de la que se enamoraría? Dejó volar su imaginación. ¡Imposible! No lograba visualizarla. Y estaba bien que fuera así. Uno nunca sabe cuándo va a ser tocado por la mano de Eros ni quién va a hacer latir su corazón con esa fuerza especial.

Volvió su mirada hacia el taller y vio un bloque de mármol que acababa de llegar ese día. Al contemplarlo sintió un escalofrío. Era como si una figura estuviera encerrada en aquel cubo. La forma de una mujer que aguardaba a ser liberada por su cincel. La idea le hizo sonreír. Se acercó y acarició la pieza. Estaba fría. Tomó sus herramientas y empezó a esculpir sin una idea determinada. Las esquirlas de mármol saltaban por los aires y caían al suelo. Avanzaba a una velocidad extraordinaria. Era como si sus manos obedecieran al impulso de una misteriosa inspiración. Al final, el cansancio y el sueño acabaron venciéndolo. Cubrió el mármol con una tela de color blanco y se echó a descansar.

Aquel proyecto se convirtió en algo personal. Noche tras noche, tan pronto como cerraba el taller, cogía sus herramientas y continuaba cincelando una escultura que iba adquiriendo la forma de una hermosa doncella, una joven a la que poco a poco había ido liberando del bloque en el que había estado aprisionada. No era obra de Pigmalión. Él se limitaba a retirar el mármol que la mantenía oculta, puliendo con mimo cada centímetro de aquella figura sorprendente que había nacido de su ensueño.

Pasó el tiempo. El escultor concluyó su trabajo. Ella estaba allí. Al contemplarla sintió un escalofrío y su corazón comenzó a latir con una fuerza especial. Lo que tenía ante sus ojos era la pura belleza. Era imposible contemplarla y no amarla. Pigmalión lloró. ¿Un artista que se enamora de su propia creación? ¡Dónde se ha visto eso! Pero ¿podía decir que aquella mujer era obra suya? ¡De ningún modo! No habría podido saber de dónde procedía, pero estaba claro que no había salido de sus manos. Era como si hubiera estado allí... desde siempre, esperando a que alguien la sacara a la luz.

Pigmalión se dio la vuelta y salió a la terraza para contemplar la ciudad bajo el manto de estrellas con el que la cubría la noche. Entonces oyó una voz a su espalda:

—Pigmalión, mereces la felicidad, una felicidad que tú mismo has plasmado. Aquí tienes a la mujer que tu corazón anhelaba. Ámala. Os deseo que seáis muy dichosos.

El escultor se giró. Quien había hablado así era Afrodita, la diosa del amor, que desapareció de su vista al instante. Se dirigió entonces a la estatua y, al tocarla, sintió que el mármol estaba tibio y que cedía blandamente al roce de sus dedos. ¡No se engañaba! La joven de piedra se había convertido en una muchacha de carne y hueso que le sonreía con el mismo cariño con el que él había trabajado noche tras noche para tenerla por fin a su lado.

MONSTRUOS Y SERES FANTÁSTICOS

¡Volvemos a encontrarnos! Hermes, el mensajero de los dioses, siempre a vuestro servicio. Pasiones desatadas, amor eterno, citas secretas en medio de la oscuridad de la noche, celos que provocan una tragedia y dioses que se apiadan de aquellos que albergan en su corazón nobles sentimientos. ¡Cuántas emociones! Aunque os hagáis los duros sé que estas historias os han conmovido. ¡Igual que a mí! No lo neguéis. No pasa nada por admitirlo. Todos necesitamos amor. Que no se os olvide.

Además, el amor nos ayuda a afrontar cualquier reto despreciando el peligro. Ahí tenéis, por ejemplo, a Perseo, que se enfrentó a los monstruos más repugnantes por su amada Andrómeda. Sí, habéis oído bien, he dicho monstruos. ¿Os interesa el tema? Pues acompañadme a la biblioteca y os mostraré un libro que os va a encantar. Como sabéis, en la mitología, el mundo está controlado por dioses, diosas y otras criaturas sobrenaturales. Algunas de ellas son monstruos, mitad humanos y mitad bestias, o extrañas combinaciones de animales. Se han recogido miles de historias sobre estos seres y sus encuentros con los hombres. Esperad

un momento... El libro que busco debe de andar por aquí... ¡Este es! *Bestiario mitológico*. Venid, voy a abrirlo sobre esa mesa y así lo vemos juntos. Se trata de una recopilación de las criaturas legendarias de las que tenemos noticia: dragones, arpías, sirenas, basiliscos, centauros... ¡No os perdáis las ilustraciones! Si buscáis por la G... encontraréis el monstruo contra el que luchó Perseo: la gorgona Medusa.

13. LA GORGONA MEDUSA

Las gorgonas eran tres hermanas que habitaban en los confines del océano, allí donde cae el sol y comienza la noche. Medusa era la única mortal. En su juventud había sido hermosa, una muchacha dulce que llamaba la atención por su sedosa melena. Por desgracia, discutió con Atenea, que es muy suya, y la diosa la castigó transformándola en una criatura monstruosa: sus finos cabellos se convirtieron en fieras serpientes, sus dientes se afilaron como los de un jabalí desgarrando sus labios y sus mejillas, su lengua se alargó, su cuerpo se cubrió de escamas, sus manos se volvieron de bronce y en su espalda le crecieron unas alas de oro que le permitían volar. Pero lo peor de todo eran sus ojos, negros como abismos, con una mirada penetrante que convertía en piedra a todo aquel que los mirase directamente.

Sabiéndose poderosa, Medusa sembró el terror en toda la comarca. Nadie osaba enfrentarse a ella. Los hombres clamaron a Zeus y este se informó de lo que había pasado. ¡Menuda bronca le cayó a Atenea! Ella había creado el problema y ella tendría que solucionarlo. La pobre acudió a mí en busca de consejo y yo le sugerí que recurriese a Perseo, hombre prudente y valeroso guerrero, que ya nos había echado una mano en otras ocasiones. Como la vi tan apurada, la acompañé para que hablara con él. Perseo comprendió el problema y, como es un cacho de pan y no sabe decir que no, se ofreció a ayudarnos. ¡Por supuesto, no lo abandonamos a su suerte! Atenea le ofreció un brillante escudo de bronce y yo le entregué una afilada espada y unas sandalias con alas muy parecidas a las que llevo en los pies.

Perseo viajó a la otra punta del mundo para enfrentarse a Medusa. El combate no duró demasiado. El héroe se elevó en el aire gracias a las sandalias aladas y, utilizando el escudo de bronce a modo de espejo para poder ver a la gorgona sin convertirse en piedra, consiguió decapitarla de un solo tajo. Los habitantes de aquel país volvieron a respirar tranquilos.

Perseo no regresó de vacío. Primero recogió la cabeza de Medusa y la guardó en un zurrón. Por otra parte, de la sangre de la gorgona nació un caballo alado llamado Pegaso, sobre el que el héroe cabalgó hasta su hogar. Sin embargo, el viaje de vuelta no iba a ser tan tranquilo como él creía. Cuando estaba a mitad de camino, encontró a una joven encadenada a las rocas de un acantilado. Se trataba de Andrómeda, a la que su padre, el rey Cefeo, había decidido sacrificar a un monstruo marino para aplacar su furia. No sé si creéis en el amor a primera vista, chicos, pero os aseguro que aquello fue un flechazo. Perseo se enamoró de Andrómeda y Andrómeda, de Perseo. Ahora bien, ¿cómo la rescataría? Os lo enseñaré.

¿Veis esta bestia descomunal con aspecto de dragón? A ella se enfrentó el héroe. Tenía la piel aceitosa, recubierta de escamas similares a las de un cocodrilo, y desprendía un olor nauseabundo. Su aliento no era de fuego, sino de hielo, más peligroso si cabe, ya que congelaba al instante a sus víctimas. El monstruo emergió de las profundidades del mar, agitando la cola con furia al ver que lo desafiaban. Sin pensárselo dos veces, Perseo se lanzó contra él a lomos de Pegaso. Fue una lucha feroz. La espuma del mar cegaba al joven, obligándolo a lanzar estocadas a ciegas. Su espada chocaba contra las rocas en lugar de atravesar el cuerpo de la fiera. En más de una ocasión estuvo a punto de perder el equilibrio y ser arrastrado por las olas o caer víctima del gélido aliento del dragón. Al borde de la desesperación, recordó la cabeza de Medusa, que había guardado en su zurrón. La tomó en sus manos y la sostuvo frente al monstruo. Su estrategia surtió efecto. En cuanto la bestia clavó sus ojos en Medusa, su cuerpo comenzó a petrificarse empezando por las fauces y terminando por la cola, y acabó convertida en coral. Perseo había vencido. Regresó a su patria sano y salvo, y se casó con Andrómeda.

Bueno, ¿qué os parece? ¿Os animáis a conocer a otros monstruos y seres fantásticos? ¿Queréis que os preste el libro? ¿Sí? Cuidádmelo bien, ¿vale? Es uno de mis preferidos..., ¡sobre todo porque salgo yo! ¡Ja, ja, ja! ¡Eh, tú, el graciosillo! ¿Qué estás murmurando por lo bajo? ¡Yo no soy ningún monstruo! Ayudo a los héroes. Como sigas burlándote de mí, ¡te como crudo! Bueno..., a lo mejor podría haberme ahorrado este comentario.

14. EL ENIGMA DE LA ESFINGE

Tebas, la ciudad de las siete puertas, estaba rodeada de altos muros que la defendían de sus enemigos. ¿Tan belicosos eran sus vecinos? ¿Tan cobardes sus habitantes? Nada de eso. Los enemigos de los que debía defenderse no eran seres humanos, sino terribles monstruos a los que muy pocos se atrevían a enfrentarse. Unos emergían de las profundidades de la tierra, como el dragón que guardaba los manantiales que abastecían de agua a la ciudad. Otros surcaban los cielos, como los grifos, con cabeza de águila, poderosas alas y cuerpo de león, los cuales devoraban sin piedad a quienes ascendían a las montañas en busca de oro. Y también hubo monstruos que recorrían los caminos en busca de víctimas, como la Esfinge.

La Esfinge era un ser con rostro de mujer, pelaje, patas y cola de león, provisto de alas como un ave de rapiña. Habitaba en un monte, al oeste de Tebas, de cuya cumbre descendía para acechar a los viajeros que entraban y salían de la ciudad. Cuando se cruzaba con alguno, le planteaba un enigma y, cuando este reconocía que no podía resolverlo, lo devoraba.

—Detente, viajero. Antes de seguir adelante tendrás que responder a un enigma.

—¿Y qué ocurrirá si no encuentro la respuesta?

—Morirás por tu ignorancia. Y ahora escucha: hay una casa a la que uno entra ciego y de la que sale viendo, ¿cuál es?

—¡No lo sé, por Zeus!

—La respuesta es... la escuela.

—Así es, en verdad. Pero ¿quién habría podido resolver tu enigma? ¡Apiádate de mí!

—No hay piedad para la ignorancia.

La suerte del infortunado estaba sellada; la Esfinge lo devoraba inmediatamente.

Como es natural, los habitantes de Tebas estaban aterrados, procuraban no salir de la ciudad y, cuando lo hacían, se alejaban lo menos posible para ponerse a salvo tras las murallas si veían llegar al monstruo. La vida de la ciudad cambió radicalmente. Cada vez eran menos las mercancías que llegaban del exterior; los artesanos apenas abrían sus talleres, pues no disponían de materiales con los que trabajar; las calles y las plazas estaban desiertas y la comida comenzaba a escasear.

Llegó entonces un forastero. Procedía de Corinto. Se llamaba Edipo. El muchacho se encontró con la Esfinge en una encrucijada.

—Detente, viajero. Antes de seguir adelante tendrás que responder a un enigma.

—¿Y qué ocurrirá si no encuentro la respuesta? —preguntó Edipo.

—Morirás por tu ignorancia. Y ahora escucha: existe un animal que por la mañana camina a cuatro patas, por la tarde lo hace sobre dos y al anochecer, sobre tres, ¿cuál es?

—La respuesta es... el hombre.

—¡Cómo es posible que lo sepas, por Zeus! —exclamó la Esfinge.

—En su niñez, el hombre avanza gateando; cuando crece camina sobre dos piernas; y al llegar a la vejez lo hace sobre tres, pues se ayuda de un bastón —explicó el joven.

Entonces, la Esfinge se retiró al monte en el que habitaba, se subió sobre una roca y, desesperada, se arrojó al vacío para acabar con su vida. Tebas recibió a Edipo como el héroe que era y lo coronó rey.

15. EL CANTO DE LAS SIRENAS

Las sirenas eran bellísimas mujeres con alas de pájaro y garras de águila. Dotadas de una maravillosa voz, habitaban una isla del Mediterráneo y utilizaban su canto para atraer a los navegantes. Los marineros se arrojaban a las aguas o se acercaban peligrosamente a la costa, chocaban contra las rocas y naufragaban. Un oráculo había vaticinado que perecerían cuando un mortal consiguiera escapar a su hechizo. Este hombre fue Ulises.

Después de tomar Troya, el héroe regresó a Ítaca, su patria. En el viaje de regreso, él y sus compañeros pasaron junto a isla de las sirenas. Al principio soplaba un fuerte viento y su nave avanzaba veloz sobre las olas, pero entonces sobrevino una calma mortal; los hombres arriaron las velas y tuvieron que echar mano de los remos para seguir navegando. Si querían salir de allí con vida, necesitaban rebasar cuanto antes la morada de las sirenas, pero a ese ritmo jamás lo conseguirían. ¿Qué podían hacer?

Ulises ordenó a los suyos que dejasen de remar. Había tenido una idea que podía salvarlos.

—Amigos míos, sabéis que las sirenas tratarán de atraernos con su dulce voz. Si lo logran, moriremos ahogados.

Para evitarlo taparé vuestros oídos con cera y así no podrán seduciros con su música. Yo, en cambio, deseo escuchar su canción, por eso os pido que toméis estas maromas y me atéis con fuerza al mástil. Por mucho que forcejee, por mucho que os suplique, no me soltéis hasta que nos hayamos alejado de su isla.

Así lo hicieron. Tomaron de nuevo los remos y la nave siguió navegando. No había pasado mucho tiempo cuando Ulises escuchó unas dulces voces que lo llamaban:

—Ven con nosotras, Ulises, síguenos y disfrutarás para siempre de nuestro canto.

Eran las sirenas. Ulises se mantuvo firme.

—Sabemos cuánto has sufrido en Troya, nuestra música te proporcionará consuelo.

Ulises trató de ignorarlas.

—Guardamos los secretos de todo lo que ha sucedido y de todo lo que sucederá. ¿Te gustaría saber qué ha sido de tu familia durante tu ausencia? ¿Deseas conocer tu porvenir? Acompáñanos y escucha nuestro canto.

Ulises no pudo aguantar más.

—Amigos, os lo pido por favor, soltadme para que pueda ir con las sirenas.

Pero los hombres de Ulises ignoraron sus súplicas y se concentraron en remar, tal y como él les había pedido.

—Nadie ha pasado jamás a nuestro lado sin detenerse a escuchar nuestra voz.

Ulises forcejeaba tratando de soltarse del mástil, pero fue inútil. Poco a poco, la isla se perdió a popa y las engañosas voces dejaron de oírse. Una vez a salvo, los hombres desataron a su capitán y se quitaron la cera con la que habían tapado sus oídos. Volvieron entonces su mirada hacia la isla de las sirenas y pudieron observar que las jóvenes se sumergían en las aguas.

Nadie volvió a verlas jamás.

16. EL AVE QUE RENACE DE SUS CENIZAS

El fénix es un ave con forma de águila real, grande y majestuosa, con plumaje blanco, dorado y rojo; de ahí viene su nombre, que en griego significa «púrpura». Su pico y sus garras son de oro puro y en lo alto de la cabeza tiene un penacho de plumas de color escarlata.

Es único en su especie y, por lo tanto, no puede reproducirse como el resto de los animales. Cuando siente que se aproxima el fin de su existencia, construye un nido con maderas perfumadas y hierbas aromáticas, se acuesta en él, entona una hermosa melodía y los rayos del sol hacen que arda en llamas. Entonces nace un nuevo fénix. Este toma un tronco de mirra y va vaciándolo con su pico hasta abrir un hueco en el que deposita el cadáver de su padre, cuya abertura cierra a continuación. Este ciclo se repite exactamente cada quinientos años.

Además de la capacidad de renacer eternamente de sus propias cenizas, el fénix está dotado de poderes mágicos. Surgido de los rayos del sol, su canto despierta el valor en los hombres de corazón puro y siembra el desconcierto en el de aquellos que albergan malas intenciones. No calma su hambre comiendo ni apaga su sed con fuente alguna. Se habla además de su gran resistencia física, de su control sobre el fuego y de su fuerza sobrenatural. También se dice que sus lágrimas curan las heridas y que una sola gota de su sangre otorga la inmortalidad a quien la beba.

Por este último motivo, muchos aventureros han salido en su busca, encaminando sus pasos a Heliópolis, la ciudad del Sol, en Egipto, donde, durante siglos, se alzó un templo dedicado al astro rey. El edificio estaba organizado en torno a un gran obelisco con forma rectangular, delante del cual existía un altar para los rituales; el conjunto estaba rodeado por una muralla que lo protegía. Al parecer, los sacerdotes que servían en el templo eran los encargados de recoger y custodiar los troncos de mirra con los restos de los fénix que habían existido, llevando un estricto registro de todos ellos. Los que visitaron el lugar aseguran que era frecuente observar al ave en pleno día, volando sobre el altar y el obelisco, para honrar a sus ancestros. Nunca nadie consiguió capturarlo.

Ahora bien, si hay una cualidad por la que destaque el ave fénix es su infinita sabiduría: muere en el fuego y renace de sus cenizas, enseñándonos que siempre está en nuestra mano levantarnos de nuevo después de un fracaso.

17. EL PUEBLO DE LOS CENTAUROS

Los centauros son unos seres mitad hombre y mitad caballo que acostumbran a vivir en medio de la naturaleza, en parajes inhóspitos y agrestes, espesos bosques e inaccesibles montañas. Tienen seis extremidades: cuatro patas de caballo y dos brazos humanos. Suelen cazar a sus presas armados de palos y piedras, y devoran su carne cruda. Su naturaleza es ambigua, pues combinan una parte de animalidad y otra de humanidad. Unos son rudos y brutales; otros, cultos y civilizados.

Entre los primeros destaca Neso, un centauro que vivía junto a un río y se dedicaba a trasladar con su barca a los viajeros de una orilla a otra. Un día acertaron a pasar por allí Hércules y su esposa Deyanira. Neso ofreció sus servicios para que pudieran cruzar la corriente. Primero pasó Hércules, pero cuando llegó el turno de Deyanira, Neso se apoderó de ella y trató de raptarla. Los gritos de la desdichada alertaron a su marido, que tomó una flecha y atravesó el corazón del centauro. Sabiendo que iba a morir, Neso reveló a la mujer un secreto: la sangre de los centauros es un poderoso filtro de amor, que podía utilizar con Hércules para asegurarse su cariño para siempre. Deyanira, que, como es natural, deseaba conservar el afecto de su marido, tomó una túnica, la tiñó con la sangre del centauro y se la regaló. El héroe, agradecido, se la puso. Al instante, la prenda se pegó a su cuerpo y empezó a quemar su carne. Neso, buscando venganza, había mentido: su sangre era un peligroso veneno que actuaba como un ácido cuando entraba en contacto con el cuerpo.

Mucho más amable es la historia del centauro Quirón, el más juicioso y sabio de su pueblo. Se le recuerda por haber educado a grandes héroes, como Aquiles o Eneas, a los que, además del arte de la guerra y de la caza, enseñó música, poesía, astrología y moral. Rodeados de cumbres escarpadas, ya que vivía en una cueva en lo alto de un monte, no lejos del mar, sus discípulos aprendían a soportar el gélido frío del invierno y el ardiente calor del verano, a fabricarse sus propias armas y a procurarse comida y vestido con los animales que ellos mismos cazaban. Quirón era un excelente médico, pues conocía las propiedades curativas de las plantas. Practicaba la cirugía y, gracias a ello, pudo salvar la vida de numerosos guerreros que habían resultado heridos en el campo de batalla. Por desgracia, no pudo salvarse a sí mismo cuando Hércules lo hirió accidentalmente con una flecha envenenada que selló su destino.

18. LA TERRIBLE QUIMERA

Quimera era un monstruo con cuerpo de cabra, cabeza de león y cola de serpiente, que despedía llamas por la boca y causaba estragos devorando hombres y rebaños. Atemorizaba a toda la comarca y nadie se atrevía a hacerle frente, pues no había escudo ni arma que resistiese su aliento de fuego, capaz de fundir cualquier metal por duro que fuera.

Cuando todo parecía perdido, llegó un joven llamado Belerofonte que se mostró dispuesto a combatir contra la bestia. Todos pensaban que iría bien armado y protegido con casco y coraza, pero no fue así. Aquel guerrero llevaba únicamente una larga pica con punta de plomo. ¿De qué habría de servirle frente a semejante monstruo?

Pero Belerofonte sabía muy bien lo que hacía. Tenía que ser ágil para acercarse a Quimera tanto como fuera posible antes de que esta pudiese defenderse y, para ello, no podía ir cargado con peso: el casco y la coraza no solo no lo habrían protegido, sino que además lo habrían retrasado, impidiéndole moverse con la rapidez que necesitaba. Por otra parte, una espada corta lo habría obligado a pegarse prácticamente a la fiera. A esa distancia no habría durado mucho tiempo. Tenía que colocarse lo bastante cerca para herir y lo bastante lejos para no ser herido. Un equilibrio difícil de conseguir.

El muchacho se internó en el valle por el que solía merodear el monstruo y, en efecto, no tardó en encontrarlo. Lo descubrió a la orilla de un río. Lo más probable era que hubiese devorado algún animal y se hubiera acercado a la corriente para saciar su sed. Ver y no ser visto. La primera parte del plan de Belerofonte se había cumplido. Era el momento de atacar.

Agarrando con fuerza su pica comenzó a correr hacia Quimera con toda la rapidez que le permitían sus piernas. Trescientos metros, doscientos, cien... En ese momento, la fiera levantó la cabeza y la volvió hacia él. Una mueca burlona pareció dibujarse en su horrible rostro. ¿Quién era el ingenuo que le salía al paso con aquella ridícula pica? Dejar que el adversario se confíe. Esa era la segunda parte del plan, que al parecer iba dando resultado.

Quimera abrió sus fauces dispuesta a lanzar una bocanada de fuego con la que reduciría al héroe a cenizas. Pero ocurrió algo con lo que no contaba: el tercer elemento del plan, el factor sorpresa. Pegaso, el caballo con alas, apareció de improviso. Belerofonte saltó sobre su grupa y se elevó por encima de Quimera justo a tiempo de evitar la ardiente llamarada que brotaba de su boca. Entonces, mientras pasaba a pocos metros de su cabeza, bajó su pica y la punta se introdujo en la garganta del monstruo. La enorme temperatura quemó la madera y derritió inmediatamente el plomo. El metal fundido llegó al estómago de la bestia y le abrasó las entrañas. La fiera se retorció profiriendo espantosos gemidos y acabó consumida en su propio fuego.

Belerofonte fue premiado por su arrojo y, sobre todo, por su sagacidad. El rey de aquellas tierras le concedió la mano de su hija y, llegado el día, se convirtió en su sucesor en el trono.

AVENTURAS Y TESOROS ESCONDIDOS

¡Hola, hola, hola! ¿Venís a devolverme el *Bestiario mitológico* que os había prestado? ¡Qué poco habéis tardado en leerlo! Devoráis libros igual que los monstruos devoran a sus víctimas. Bueno, me parece muy bien que disfrutéis con la lectura. Es una afición que merece la pena cultivar. Aquí, en el Olimpo, somos grandes lectores: a Zeus siempre le ha gustado la historia, porque dice que un buen gobernante tiene que aprender de los errores pasados para evitar que se repitan; Afrodita prefiere las novelas románticas, que suele leer y comentar con Eros, su hijo; Hades se pirra por los relatos de fantasmas, algo que no termino de entender, ya que él, que es señor de los infiernos y vive rodeado de espíritus, debería estar cansado de ellos; Atenea muestra un gran interés por la filosofía, siente debilidad por Sócrates, Platón y Aristóteles, yo me pierdo un poco cuando se pone a hablar del ser y del no ser; Deméter, protectora de los campos, es una entusiasta de la ecología, anda preocupadísima por el cambio climático; y Hércules comparte vuestra afición por los monstruos, de hecho, lleva varios días preguntando por el *Bestiario*, tengo que decirle que ya puede disponer de él. ¿Cómo? ¿Que no sabéis quién es ese tal Hércules? ¡Es verdad! Todavía no os he hablado de él. Pues veréis, se trata del héroe más importante de la Antigüedad, un tipo arrojado y decidido que nos ha sacado las castañas del fuego muchas veces. Solo tiene un defecto: se aburre fácilmente y siempre ha sido un pelín obsesivo. ¿Os apetece conocer sus aventuras? Pues seguidme a aquella sala de ahí enfrente y, mientras tanto, os voy contando.

19. LOS TRABAJOS DE HÉRCULES

La madre de Hércules se llamaba Alcmena. Ella fue la primera en darse cuenta de que el chico iba a ser especial. En lugar de nacer a los nueve meses, lo hizo a los siete. Debe de ser que se había cansado de estar en el seno materno y quería conocer el mundo, así que, en cuanto pudo, salió. Desde niño fue muy preguntón. «Mamá, ¿por qué el queso tiene agujeros?» «Todos los quesos tienen agujeros.» «Eso no es así, mamá, este queso de aquí tiene agujeros y ese de ahí no, ¿por qué?» «Porque este es un queso curado y ese no.» «¿Y por qué?» «Porque este ha pasado tiempo secándose y ese acaba de fermentar.» «¿Y por qué?» «Porque así tienen un sabor y una textura distintos.» «¿Y por qué...? ¿Y por qué...? ¿Y por qué...?» Está bien que los niños sean curiosos, pero aquello era agotador.

En casa pensaron que lo mejor sería buscarle un maestro. Hablaron con el centauro Quirón, pero este vio lo que se le venía encima y, temiendo por su salud mental, se excusó diciendo que no le quedaba tiempo para atender a otro discípulo. Así fue como se convirtió en alumno de Lino, un excelente profesor, que además tenía mucha paciencia. Las cosas no salieron bien. Hércules era muy competitivo, siempre quería quedar por encima de los demás, ganar en todo, y esto causó infinitos problemas. «¿Quién sabe...? ¡Yo!» «¿A quién le gustaría...? ¡A mí!» «¿Con quién podría...? ¡Conmigo!» Como sus compañeros no podían meter baza, la escuela se vació en menos de un mes y Lino habló con los padres del muchacho para que le buscasen otro maestro, Téutaro, famoso por su manejo del arco... y por ser un excelente domador de bueyes. Este último comentario les dolió un poco, pero decidieron hacer la prueba. Duró una semana.

La familia pensó que al chaval le vendría bien un cambio de aires. Como Perseo era pariente suyo, lo enviaron a su corte, para que lo educaran allí, con su primo Euristeo. A Hércules, la rutina de palacio le pareció un rollo. Aunque no os lo creáis, lo peor eran los banquetes. Si la sobremesa se alargaba un poco, empezaba a morderse las uñas, a balancearse en la silla y a incordiar a los demás tirándoles miguitas de pan. Más de una vez, el comedor acabó convirtiéndose en un campo de batalla, donde los comensales utilizaban cualquier objeto como proyectil, desde una uva hasta una aceituna.

Perseo, pensando en lo mejor para el jovencito y viendo que ya tenía cierta edad, decidió ofrecerle una actividad estimulante, en la que pudiera concentrar sus energías: le enseñó a conducir un carro. ¡Ojalá nunca lo hubiera hecho!

Él y Euristeo se dedicaron a organizar carreras. Pintaban sus carros con colores vistosos, añadían un par de caballos a los que ya venían de serie y ponían sus vehículos a toda velocidad en el patio de palacio, cuyas cuadras se transformaron prácticamente en talleres mecánicos.

Llegó el momento en que Euristeo se convirtió en rey y sentó la cabeza. Por desgracia, su primo Hércules siguió siendo el mismo de siempre. ¡No paraba quieto! Su apabullante energía ponía de los nervios a todo el mundo. El joven monarca comprendió la gravedad del problema cuando se enteró de que había organizado una fiesta para celebrar sus años... la noche antes de cumplirlos. ¡Este chico no sabía esperar! Necesitaba cambiar de actividad y de lugar permanentemente para no volver locos a todos los que tenía a su alrededor. Así fue como se le ocurrió la idea de enviarlo a cumplir doce trabajos imposibles en los que tendría que emplear toda su fuerza y su energía.

Mirad, esta es la sala de la que os había hablado: la pinacoteca del Olimpo. ¿Qué es una pinacoteca? Una galería de pintura. Aquí dentro guardamos todo tipo de cuadros. Entre ellos, una serie que representa los doce trabajos de Hércules. Vamos a verlos. Así os resultará más fácil comprender la tarea del héroe en cada uno de ellos.

Este fue el primero. Hércules tuvo que enfrentarse al león de Nemea, un monstruo de cuidado, hermano de la Esfinge de Tebas, que habitaba una guarida con dos accesos y era invulnerable. Al principio intentó acabar con él disparándole flechas, pero se dio cuenta de que no servía de nada. Así que agarró una maza y le dio un terrible golpe en la cabeza. ¡Garrotazo y tente tieso! Luego lo desolló con sus propias garras y se vistió con su piel como trofeo.

Su segundo trabajo fue acabar con la hidra de Lerna, un dragón con nueve cabezas, una de ellas inmortal. Como cada vez que cortaba una de las cabezas del monstruo surgía otra nueva, tuvo que buscar la ayuda de su sobrino Yolao, que fue quemando las heridas que sufría la bestia a medida que Hércules la decapitaba. De este modo pudo vencerla, cercenar su cabeza inmortal y enterrarla bajo una enorme roca.

El tercer trabajo fue dominar al jabalí de Erimanto. En esta ocasión, Euristeo le pidió que respetase la vida del pobre animal. Bastaba con que lo capturase y lo llevase vivo a palacio. Hércules cumplió con el encargo. Atrapó al jabalí vivo utilizando una red y se lo llevó a su primo; este, espantado al ver la criatura, salió corriendo y fue a esconderse dentro de una tinaja. ¡Una escena divertidísima! ¡Tendríais que haber visto cómo se burlaban de él en la corte!

Como el tiro le había salido por la culata, Euristeo propuso a Hércules un nuevo reto, atrapar a la cierva de Artemisa, un animal fabuloso que tenía cuernos de oro y pezuñas de bronce, y era tan veloz que nadie había podido alcanzarlo jamás. ¿Sabéis cuánto tiempo pasó Hércules persiguiéndola? ¡Un año entero! ¡Qué perseverancia! ¿No os parece?

El quinto trabajo consistió en acabar con las aves del lago Estínfalo, unas rapaces terribles que mataban a los caminantes y se comían las cosechas. Hércules espantó a las aves con unos címbalos que le prestó Atenea y fue abatiéndolas con sus flechas conforme alzaban el vuelo.

A continuación, Euristeo envió a Hércules a limpiar los establos del rey Augías, donde el estiércol se había ido acumulando año tras año. Cuando llegó al lugar y vio aquel desastre, pensó que lo mejor era cortar por lo sano. Desvió el curso de los ríos Alfeo y Peneo para que pasaran directamente por los establos y arrastrasen consigo toda la suciedad. ¡A grandes males, grandes remedios!

Los dos siguientes encargos consistieron en domar animales: el toro de Creta, un soberbio ejemplar que había salido del mar y asolaba la isla, y las yeguas de Diomedes, a las que su dueño alimentaba con los cuerpos de sus enemigos muertos. El primero acabó pastando apaciblemente en una pradera y las segundas terminaron tirando de un carro, como cualquier caballo.

Luego, a Euristeo se le antojó el cinturón de Hipólita, la reina de las amazonas, y pensó que su primo era la persona idónea para conseguirlo. No resultó fácil, porque, como de todos es conocido, este pueblo de mujeres guerreras sabe cómo defenderse.

El décimo trabajo de Hércules llevó al héroe hasta España. Debía apoderarse de los bueyes de Gerión, un monstruo de tres cuerpos unidos por la cintura que se hacía acompañar por el perro Ortro, un animal de dos cabezas y cola de serpiente. Hércules tuvo que acabar con ambos para llevarse sus bueyes, pero antes, para llegar a las tierras en las que se encontraban los animales, tuvo que separar las dos rocas que marcaban el límite entre el mar Mediterráneo y el océano Atlántico. Los habitantes del lugar levantaron dos columnas a ambos lados del estrecho de Gibraltar, a las que se conoce como las columnas de Hércules.

El penúltimo trabajo que Euristeo impuso al héroe consistió en bajar al inframundo y traer de allí al can Cerbero, hermano de Ortro. Como el amo del perro era el propio Hades y no era cuestión de robar a un dios, provocando su ira, Hércules habló con el señor de los infiernos y este le permitió capturar al animal a condición de que lo dominase sin utilizar armas. Hércules agarró a Cerbero por el cuello y se lo llevó a rastras a la corte del rey, que, cuando vio a la bestia, una vez más, salió corriendo del salón del trono y fue a refugiarse en la bodega, donde se metió dentro de su tinaja preferida. No hubo manera de sacarlo de allí hasta que le garantizaron que su primo había devuelto a Cerbero al lugar de donde lo había sacado, donde Hades lo mantenía a raya.

El trabajo final fue el más complejo de todos. En el jardín de las Hespérides había un árbol con manzanas de oro custodiado por Ladón, una serpiente dragón, hermana de las gorgonas, de la que se decía que tenía cien cabezas con afilados colmillos, y que cada una hablaba una lengua distinta. Como Hércules se sentía incapaz de cumplir esta tarea, le pidió a Atlas, el gigante que sostiene el firmamento, que lo hiciera por él. A cambio se ofreció a ocupar su lugar durante el tiempo que necesitara. Atlas aceptó de buen grado, pero, a su regreso, se negó a retomar su pesada carga. Hércules fingió resignarse a su destino y le rogó que sujetara el cielo un solo instante, para poder colocarse un cojín en la nuca. En cuanto Atlas tomó el relevo, Hércules huyó llevándose las manzanas.

¿Os han gustado los cuadros? ¿Qué opináis de Hércules? El día que queráis, os lo presento. Suele venir mucho por aquí, porque, para reconocer sus proezas, Zeus le concedió la inmortalidad y ahora es uno de nosotros. De hecho, se casó con Hebe, la diosa de la juventud, que yo creo que es la única que le puede seguir el ritmo. Se los ve muy felices. ¡No paran un momento! Yo creo que son tal para cual.

20. JASÓN Y LOS ARGONAUTAS

Jasón era hijo del rey de Yolco y, por lo tanto, el legítimo heredero del trono. Sin embargo, a la muerte de su padre, su tío Pelias lo ocupó y lo privó de sus derechos. Incluso habría atentado contra la vida del pequeño si su madre no se lo hubiese entregado a Quirón, el más viejo y sabio de los centauros, quien lo recibió en su cueva y se encargó de su educación. Un día, cuando Jasón había cumplido los veinte años, Quirón le dijo:

—Ha llegado la hora de que reclames lo que te corresponde por derecho.

El joven se encaminó hacia la capital de Yolco. Vestido con una piel de pantera y armado con dos lanzas, una en cada mano, se presentó en la plaza en el momento en que su tío, el rey Pelias, se disponía a ofrecer un sacrificio a los dioses.

—Rey Pelias, he venido a reclamar la corona de Yolco, que perteneció a mi padre. Si me la entregas voluntariamente, aceptaré que tu intención era gobernar el Estado mientras yo, el príncipe, era menor de edad y, por eso, no tomaré represalias contra ti.

El rey, que temía la reacción del pueblo si se negaba a entregar la corona a su sobrino, dijo:

—La corona es tuya si así lo deseas, pero ¿cómo puedo saber que serás un buen rey?

—Porque aceptaré cualquier prueba, cualquier reto que me plantees —respondió Jasón.

En el rostro de Pelias se dibujó una sonrisa maliciosa.

—Me parece justo. Ocuparás el trono el día en que traigas a Yolco el vellocino de oro.

Un murmullo de sorpresa recorrió la muchedumbre. ¿Lo estaba diciendo en serio? El vellocino de oro era la piel de Crisómalo, un carnero con alas cuya lana era de dicho metal precioso. Cuando fue sacrificado, su vellón se colgó de un roble, en el límite oriental del mundo conocido, donde lo custodiaba un dragón. Pero la sorpresa inicial se convirtió en un asombro mayúsculo cuando Jasón aceptó la prueba. ¿Acaso el joven se había vuelto loco? Ningún hombre podría superar con éxito aquel desafío.

Lo primero que hizo el héroe fue hablar con Argos, un hábil armador, para que construyera el barco con el que viajaría al otro extremo del mundo. Debía ser una nave robusta y, al mismo tiempo, ligera, para que, en caso de necesidad, la tripulación pudiera cargarla sobre sus hombros y trasladarla de un lado a otro. Argos fabricó un barco de guerra impulsado por cincuenta remeros y guiado por un timonel. Contaba además con una gran vela cuadrada, montada sobre un mástil abatible, para aprovechar la fuerza del

viento siempre que soplase. Medía treinta y cinco metros de eslora y cinco de manga, y llamaba la atención por su formidable mascarón de proa, tallado en roble, regalo de la diosa Atenea. En su travesía, Jasón iba a contar con los mejores compañeros, entre ellos, Hércules, el de los doce trabajos; Atalanta, la mejor arquera de toda Grecia; y Orfeo, el músico. El barco se llamó *Argo*, en recuerdo de su armador, y sus tripulantes serían conocidos como los argonautas.

Partieron una mañana de primavera, después de ofrecer un sacrificio a Apolo, y pusieron rumbo al este. Fueron muchas las aventuras que corrieron hasta llegar a su destino. Primero arribaron a la isla de Lemnos, donde la reina Hipsípila invitó a Jasón a compartir su trono. Era una propuesta tentadora, pero Jasón se mantuvo fiel a su destino y continuó su viaje. A continuación recalaron en la isla de los osos, habitada precisamente por gigantes de seis brazos con cabeza de oso y espeso pelaje negro. Salvaron la vida gracias a que Hércules y Atalanta acabaron con ellos a flechazos. Fueron acogidos en el país del rey Fineo, al que libraron de las arpías, genios alados, raptoras de niños y de almas, que habían estado a punto de matarlo de hambre, pues le arrebataban cualquier alimento antes de que pudiera siquiera llevárselo a los labios. Superaron el peligro que los amenazaba en las Rocas Azules, unos escollos flotantes que se cerraban aplastando las naves que trataban de cruzarlas. Los argonautas soltaron una paloma para que los precediera y calcular así el momento en el que debían atravesar el estrecho. En la isla de Ares fueron atacados por unas aves con pico y garras de metal que dejaban caer plumas de bronce. Por fortuna, lograron espantarlas golpeando los escudos con sus lanzas.

Tras más de tres meses de navegación, los argonautas llegaron por fin a su destino, Cólquide, en la costa oriental del mar Negro, donde se encontraba el vellocino de oro. Allí fueron recibidos por el rey Eetes, a quien Jasón reveló sus intenciones. El monarca sabía que el héroe debía cumplir su destino y, por eso, no le impidió que llevara a término sus propósitos, aunque le puso una condición.

—Para conquistar el vellocino —anunció—, tendrás que dirigirte a la llanura de Ares, donde existe una cueva en la que habita una pareja de toros salvajes, que tienen las pezuñas de bronce y despiden fuego por los ollares. Estas bestias no han conocido el yugo. Tendrás que domarlos, uncirlos a un arado de hierro y labrar con ellos un campo, en el que sembrarás los dientes de un dragón, de los que nacerá un ejército de guerreros revestidos con armaduras de bronce, a los que tendrás que enfrentarte sin armas. ¡Ah! Y el plazo del que dispones para completar esta tarea es de un solo día.

La prueba parecía imposible de superar, pero Jasón no estaba dispuesto a volver a su patria con las manos vacías.

—Así será, Eetes. Dominaré a los bueyes, labraré el campo y venceré a los guerreros que nazcan de los dientes del dragón.

Jasón se habría encontrado en un serio apuro de no ser por Medea, la hija del rey, una hermosa joven que se enamoró perdidamente de él en cuanto lo vio y conoció su historia. Como es natural, la muchacha se debatía entre la lealtad a su padre y el cariño que había nacido en su corazón. Esa noche no pudo conciliar el sueño. Si no actuaba, la muerte de un inocente caería sobre su conciencia. Se levantó, se dirigió al cuarto de Jasón sin que nadie la viese y llamó a la puerta. El héroe se sorprendió de su visita.

—Buenas noches, Jasón. He venido a ayudarte —explicó Medea, mientras le tendía un pequeño frasco que contenía lo que parecía ser un bálsamo—. Mañana, cuando amanezca, te enfrentarás a un reto importante. Este ungüento te volverá inmune a las embestidas de los toros y al fuego que despiden sus ollares. De este modo, conseguirás domarlos, arar el campo y sembrar los dientes de dragón. Luego, cuando aparezcan los guerreros, no esperes a que ataquen, lanza una piedra en medio de ellos y espera a que se cumpla el destino.

No pudo seguir hablando, porque se le saltaron las lágrimas. Jasón sabía muy bien por qué.

—No llores, princesa —le susurró, tratando de consolarla—. No olvidaré jamás lo que estás haciendo por mí. Te prometo que, si salgo victorioso de este desafío, volverás conmigo a Grecia, que se convertirá en tu nuevo hogar.

Al amanecer, todos los ciudadanos de Cólquide se habían reunido en la llanura de Ares para presenciar la prueba a la que Jasón iba a enfrentarse. El héroe había cubierto su cuerpo con el bálsamo que Medea le había entregado. Llegó a la entrada de la cueva, donde se oían los furiosos bramidos de los toros que debía domar. En cuanto notaron su presencia, los animales salieron de estampida dispuestos a arremeter contra él. La muchedumbre contenía el aliento. Jasón los vio ir hacia él, pero no se movió del lugar en el que se encontraba. Parecía dispuesto a resistir su acometida. Aquello no era valor, sino temeridad. Las bestias acabarían con su vida. Ya faltaban pocos metros para que los toros embistieran y estaba bastante claro que el héroe no iba a salir huyendo. Un grito de horror se elevó hacia el cielo. Sin embargo, la angustia de los espectadores iba a transformarse en asombro. Cuando los animales estaban a punto de llegar a su altura, Jasón se giró para ponerse de medio lado, tomó el cuerno de uno con la mano derecha y el del otro con la izquierda y los obligó a girar en círculo actuando él mismo como eje. La fuerza con la que habían acometido hizo que los toros perdieran el equilibrio y acabaran rodando por el suelo. Jasón agarró al primero, lo sujetó por la cornamenta y lo obligó a arrodillarse. La fiera bramó y escupió fuego, pero el héroe salió ileso gracias al ungüento que se había aplicado. A continuación se dirigió al segundo y forcejeó con él hasta que también este se dio por vencido. Entonces, Jasón tomó el yugo, lo colocó sobre el cuello de los bueyes, lo unció, los enganchó al arado y comenzó a labrar el campo con ellos.

El pueblo aplaudía a rabiar mientras el rey Eetes se mordía los labios y miraba con el rabillo del ojo a su hija Medea, que trataba de disimular su alegría.

Jasón trazó surcos largos y profundos. Acabado el trabajo, liberó a los animales, los condujo a un prado cercano, cerca del cual corría un arroyo, y los dejó allí abrevando y pastando. Luego volvió al campo y comenzó a sembrar los dientes de dragón. En cuanto el último cayó en la tierra, un ejército de guerreros armados con corazas, escudos y lanzas se alzó del polvo. Jasón no permitió que se agrupasen para atacarlo. Tomó una piedra y la arrojó en medio de ellos. Entonces, las figuras se volvieron unas contra otras y comenzaron a luchar entre sí. Jasón se mantuvo al margen en todo momento. En pocos minutos, el ejército había desaparecido, víctima de sí mismo.

La muchedumbre aplaudía enloquecida. La cólera del rey Eetes iba en aumento, lo mismo que la esperanza de la princesa Medea.

Había llegado el momento decisivo: la conquista del vellocino de oro. Jasón se internó en el bosque sagrado en el que se encontraba. Caminó hasta llegar a un claro en medio del cual se alzaba un robusto roble de cuya copa colgaba el vellocino. Por desgracia, alrededor del tronco se enroscaba un dragón semejante a una serpiente marina, con un larguísimo cuello e incontables anillos, ojos verdes y lomo moteado.

Jasón dio un paso hacia él, pero alguien lo sujetó del brazo.

—Detente, Jasón.

—¿Qué estás haciendo aquí? —preguntó el héroe sorprendido al ver que quien lo retenía era la princesa Medea.

—Ayudarte de nuevo. El dragón no te permitirá acercarte al vellocino y no tienes armas para combatir contra él.

—¿Qué haremos entonces?

—Utilizaremos un narcótico para dormirlo.

—¿Un narcótico? ¡Si no tengo ninguno! —se lamentó el héroe.

—Pero yo sí —respondió Medea.

La princesa tomó una rama que encontró en el suelo, la impregnó con la pócima que había traído y la tendió hacia el dragón. Este se acercó a ella con curiosidad. En cuanto el olor del somnífero llegó a él, los músculos de su cuerpo comenzaron a relajarse. Muy pronto no tuvo fuerzas para seguir sujetándose en el tronco. Cayó al suelo y cerró los ojos. Jasón trepó hasta lo alto del roble, tomó el vellocino, se lo echó sobre el hombro izquierdo y volvió a bajar rápidamente.

—¡Gracias, Medea! Sin ti, nunca lo habría conseguido. Ahora me presentaré al rey para que reconozca mi victoria.

—No harás tal cosa —lo interrumpió Medea.

—¿Por qué no? —preguntó Jasón sorprendido.

—Mi padre jamás os permitirá salir de aquí. Ha ordenado prender fuego a vuestra nave. Sus soldados aguardan en el puerto para deteneros en cuanto aparezcáis.

—Y ¿qué podemos hacer?

—No lo sé, Jasón, no lo sé. Yo corro tanto peligro como vosotros. Mi padre está furioso conmigo por la ayuda que os he prestado. No sé qué pasaría si me encontrara.

Medea se había quedado sin ideas, pero Zeus no. El padre de los dioses y de los hombres se apiadó de Jasón, de Medea y de los argonautas, y envió una espesa niebla que cubrió la comarca entera. Amparados en ella, los griegos consiguieron burlar a los guardias de Eetes, subieron a su nave y, al caer la noche, partieron hacia su hogar, siguiendo la estela de una misteriosa estrella que los precedía guiándolos en medio de la oscuridad. Así fue como los argonautas salvaron la vida, Jasón y Medea se convirtieron en marido y mujer, y regresaron a Grecia y fueron los nuevos reyes de Yolco.

TONTOS Y LISTOS

Desde que el mundo es mundo siempre ha habido tontos y listos. La cuestión es saber distinguirlos. Sí, sí, no os riáis. Solo aquel que conoce bien a las personas puede decidir quién es necio y quién prudente. A veces, nos dejamos llevar por los prejuicios o por las pasiones y llegamos a conclusiones equivocadas. Os lo digo yo, Hermes, el mensajero de los dioses, que he tratado con todo tipo de hombres y mujeres. Gente importante, admirada, pero profundamente boba, y gente sencilla, que pasaba desapercibida, pero muy sagaz.

21. EL REY MIDAS

Si os soy sincero, en el número uno de los tontos colocaría al rey Midas. ¡Un tonto de campeonato! ¡El no va más de la estupidez!

Ocupaba el trono de Frigia, una tierra rica por sus fértiles campos y por estar situada en las rutas comerciales que unían Europa y Asia. Cierto día recibió la visita del dios

Dioniso, que quedó muy complacido con su hospitalidad y, al partir, se ofreció a concederle cualquier deseo que le pidiera.

—¿Cualquier cosa? —preguntó Midas asombrado.

—Eso es lo que he dicho —respondió Dioniso—. Pídeme lo que desees: salud, larga vida, poder, sabiduría, amor..., y lo tendrás.

—Bueno... Lo cierto es que gozo de buena salud y confío en tener una larga vida. También me considero una persona inteligente y cuento con el cariño de los que me rodean. Así que creo que pediré algo que me haga ser el rey más poderoso del mundo. ¡Oro! ¡Montones de oro! ¡Un tesoro fabuloso! ¡Más oro del que nadie haya tenido jamás! ¡Más oro del que nadie pueda imaginar! Vaya, ya puestos, quiero que todo aquello que toque se convierta en oro.

—¿Estás seguro? —preguntó Dioniso confundido.

—Completamente.

—Piénsalo bien. Ya sabes lo que suele decir la gente: ten cuidado con lo que deseas, porque puede hacerse realidad.

—Lo he pensado muy bien. Quiero convertir en oro todo aquello que toque.

—Así será.

El dios se marchó y el rey Midas se quedó solo. Salió a pasear por el jardín de su palacio, vio una hermosa rosa y quiso cogerla. En el momento en que sus dedos rozaron la flor, esta se convirtió en oro.

—¡Una rosa de oro! Dioniso ha cumplido su palabra.

El monarca tocó el tallo del rosal y la planta entera se convirtió en el metal precioso.

—¡Magnífico! Los hombres se afanan por acumular tesoros. Yo, en cambio, puedo producir tanto oro como desee —dijo palmoteando de alegría.

Entusiasmado con su poder, fue tocando y transformando en oro todo aquello que halló en su camino: desde la tela de su túnica hasta su trono. Midas estaba loco de contento. Por desgracia, su felicidad no iba a durar mucho.

Llegó la hora de comer. Se sentó a la mesa y tomó pan, pero antes de que pudiera llevárselo a la boca se había convertido en oro. Un escalofrío recorrió la espalda de Midas. Pidió al copero que le sirviera vino, pero, en cuanto rozó sus labios, la bebida se convirtió en oro líquido. No obstante, lo peor estaba aún por llegar. La reina y sus hijos entraron en la sala. La princesa, una preciosa muchachita, salió corriendo a abrazar a su padre. En cuanto lo hizo, se convirtió en oro. Todos los presentes se quedaron horrorizados. No podía comer. No podía beber. No podía abrazar a aquellos a los que amaba. Estaba condenado a morir de hambre y de sed, y a hacerlo solo.

En su desesperación trató de sacar algo positivo de aquel don que había resultado ser la peor de las maldiciones. Salió al balcón y contempló su reino. ¡Eso es! Tenía que hacer algo por su pueblo. De ese modo, su muerte, que ya consideraba inevitable, tendría algún sentido: se habría sacrificado por los demás. Abandonó el palacio y comenzó a caminar. No tardó en encontrar un trigal. Extendió sus manos sobre él y, al momento, se vio ante un campo de espigas doradas. Sonrió satisfecho. Siguió adelante y se encontró con un rebaño de ovejas. Los animales se acercaron a él y quedaron

convertidos en oro. Llegó a la ciudad y recorrió el barrio de los artesanos. No hubo taller, tienda o puesto que no visitara y en el que no dejase un rico regalo. Satisfecho, volvió a palacio y se echó a descansar.

A la mañana siguiente, lo despertaron sus consejeros. Midas pensó que vendrían a hablarle del oro que había puesto en manos de los habitantes de Frigia y que garantizaría el bienestar del pueblo durante generaciones. Y así era, pero en lugar de satisfechos se los veía muy preocupados. El codiciado metal no había vuelto a la gente más rica, porque los precios habían subido automáticamente en la misma medida. Por otra parte, ahora que no tenían ni agricultura, ni ganadería, ni artesanía estaban obligados a comprarles a los reinos vecinos todo lo que antes producían ellos mismos. Estos se enriquecerían a medida que ellos fueran gastando su oro. Empobrecida y dependiendo del exterior para abastecerse, solo era cuestión de tiempo que Frigia fuera invadida y conquistada.

Midas reconoció su error. Levantó los ojos al cielo y suplicó a Dioniso que tuviera piedad de él y de su tierra. Esa misma noche, el dios apareció en su alcoba.

—Buenas noches, Midas, ¿satisfecho con tu nuevo don? —soltó con ironía.

—Sabes que no —respondió él amargamente.

—¿Qué has aprendido? —preguntó Dioniso.

—Que la auténtica riqueza no la trae el oro, sino la capacidad de luchar día a día por aquello que hace feliz a nuestro corazón.

—Antes hablabas como un necio; ahora, como un sabio. Por eso, voy a ayudarte. Mañana, al amanecer, irás al río

Pactolo, te bañarás en sus aguas y quedarás purificado. Perderás tu don, pero recuperarás la ilusión de vivir que ahora te falta.

A la mañana siguiente, el rey cumplió con el ritual que Dioniso le había prescrito y las cosas volvieron a ser como antes. Los campesinos recuperaron sus cosechas; los pastores, sus rebaños; los artesanos, sus oficios, y el rey pudo volver a su antigua vida junto con su familia. Desde aquel día, las arenas del Pactolo esconden pepitas de oro, las últimas que produjo el rey Midas al poner sus pies en el lecho del río.

22. EL HILO DE ARIADNA

Durante muchos años, la isla de Creta había vivido aterrorizada por el Minotauro, un monstruo con cuerpo de hombre y cabeza de toro que se alimentaba de carne humana. Como nadie tenía el valor de enfrentarse a él, Minos, el rey de la isla, decidió construir un enorme laberinto, lleno de salas y corredores, túneles y pasarelas, escaleras y galerías, en el que nadie podría encontrar la salida, y encerró a la bestia en su interior. Todos los años, siete muchachos y siete muchachas habían de ser sacrificados al animal. Se internaban en el laberinto y vagaban por él hasta que el Minotauro los encontraba y los devoraba.

Sin embargo, un año apareció un joven que consideraba escandaloso pagar aquel tributo y se presentó voluntario para entrar en el laberinto y dar muerte al monstruo. La noticia causó un enorme revuelo entre el pueblo, que se llenó de esperanza ante la perspectiva de librarse para siempre de aquella pesadilla. Todo el mundo quería conocer a Teseo, pues así se llamaba el valeroso muchacho, y desearle suerte. También la princesa Ariadna, hija del rey Minos, que acudió a verlo.

—Dime, Teseo, ¿cómo piensas acabar con el Minotauro?

—Hundiré en sus entrañas esta espada con hoja de oro —respondió el chico.

—Muy bien. ¿Y después? —siguió preguntando Ariadna.

—¿Qué quieres decir? —dijo Teseo sin comprender.

—Si uno entra, tiene que saber salir, ¿no crees?

—Pues no había pensado en ello.

—Muy inteligente por tu parte —replicó Ariadna con ironía.

Teseo se sonrojó. Tenía muy claro cuál era su misión, pero había perdido de vista las condiciones en las que debía cumplirla. Aunque entrara en el laberinto, diese con el Minotauro y consiguiera acabar con él, no podría hallar el camino de salida, moriría dentro.

—Toma esto —dijo Ariadna.

—¿Una madeja de hilo? ¿Para qué? ¿De qué me va a servir ahí dentro? —preguntó Teseo sin comprender.

—Te servirá para volver a salir. Ata un extremo a la puerta y luego vete soltando el hilo a medida que avances. Encuentra al Minotauro, acaba con él y vuelve sobre tus pasos recogiendo el hilo que has tendido.

—¡Prodigioso! —exclamó Teseo.

—Sencillo..., pero eficaz —replicó Ariadna.

Esa noche, Teseo se internó en el laberinto. Recorrió unos metros y, al apartarse del resplandor de las antorchas que ardían en la puerta, se encontró avanzando en la penumbra. La única luz que lo iluminaba era la de la luna. Se detuvo un momento para atar un extremo del hilo en un saliente de la pared, tal y como le había indicado Ariadna, y luego continuó. El lugar era tenebroso y fantasmal. De vez en cuando, en algún rincón, encontraba la calavera o los huesos de alguno de los infortunados que habían caído víctimas del monstruo en años anteriores. Un polvo gris lo cubría todo. Solo se escuchaba el eco de sus propias pisadas. De pronto, se oyó un bramido. No podía ser otro que el Minotauro. Teseo sacó la espada. La hoja lanzó un vivo reflejo alumbrando por un instante el muro erosionado y cubierto de vegetación a lo largo del cual estaba avanzando. En ese momento, al final del corredor aparecieron dos ojos brillantes. ¡Los del monstruo! Aquel lugar era el menos indicado para un enfrentamiento. Estrecho y oscuro. El Minotauro lo acorralaría con facilidad. Tenía que salir de allí. Teseo comenzó a correr. El monstruo le pisaba los talones. Avanzaba a la carrera mirando a izquierda y derecha, tratando de decidir qué dirección tomar. Bajó la vista hacia la madeja. El hilo se estaba agotando. Tenía que hallar una solución con urgencia o jamás encontraría el camino de regreso. Entonces, vio una galería que se abría en diagonal y conducía a unas escaleras. Entró en ella y subió los peldaños de dos en dos hasta llegar a una plataforma que acababa en el vacío. No podía continuar. Era el fin de su huida... y también del hilo, que en ese punto se agotó.

Teseo se dio la vuelta y vio al Minotauro al pie de la escalera. Su figura era espeluznante. En ella destacaba una amenazadora cornamenta. Comenzó a ascender. Había que pensar algo rápido. La plataforma era demasiado pequeña para luchar con él cuerpo a cuerpo, pero la altura le daba ventaja. ¡Eso es! Sin pensárselo dos veces, el joven cogió impulso y saltó desde el último peldaño. Una maniobra arriesgada. Casi se puede decir que voló hacia el monstruo y, al llegar a su altura, le hundió la espada en el pecho, y aterrizó a sus pies. Todo o nada. La bestia clavó sus ojos en él, abrió las manos con la intención de agarrarlo por el cuello, pero la vida escapaba de su cuerpo. Al inclinarse, las fuerzas le fallaron y se derrumbó sobre los escalones. Teseo respiró aliviado. Un hilo de sangre corría escaleras abajo... un hilo... ¡el hilo de Ariadna!

Teseo tomó el cabo y fue enrollándolo poco a poco. Gracias a ello pudo encontrar la salida del laberinto cuando el sol rayaba en el horizonte. El último tramo, desde el saliente de piedra hasta la puerta, lo cubrió con la guía de unos ojos que brillaban como los del Minotauro, pero no de odio, sino de amor. Eran los de la princesa.

23. LAS ALAS DE ÍCARO

Ni que decir tiene que Ariadna y Teseo se enamoraron perdidamente y decidieron buscar un nuevo hogar lejos de Creta. El rey Minos estaba furioso. ¿Cómo era posible que Teseo hubiera sobrevivido y hubiera huido con la princesa?

Necesitaba señalar un culpable sobre el que descargar su ira y lo encontró en Dédalo, el arquitecto al que había encargado la construcción del laberinto, a quien culpó de sus desgracias. Envió soldados a su casa y ordenó que lo arrestaran a él y a su hijo Ícaro.

—Te había ordenado que construyeras un laberinto del que nadie pudiera escapar. ¿Cómo es que Teseo lo ha logrado?

—Contó con la ayuda de la princesa Ariadna, que le facilitó un hilo con el que pudo encontrar la salida.

—Y ¿de dónde sacó la princesa esa idea y ese hilo?

—Supongo que observó lo que yo mismo solía hacer durante el tiempo que duró la construcción del laberinto: tendía un hilo que me mantenía unido con el exterior.

—¡Así que la culpa es tuya! ¡Maldito seas!

El rey no solo lo maldijo, sino que además los encerró a él y a su hijo en el centro del laberinto, para que muriesen de hambre y de sed. Por fortuna, Dédalo, además de un excelente arquitecto, era un hombre de recursos.

—Ícaro, hijo mío, si queremos salir de aquí con vida, tenemos que ponernos a trabajar inmediatamente. Son muchas las aves que han venido a construir sus nidos en el laberinto, ya que aquí se sienten protegidas. También he visto algunas colmenas de abejas. Recogeremos sus plumas, nos alimentaremos de su miel y daremos utilidad a su cera. ¡Adelante!

Ícaro no acababa de comprender, pero obedeció a su padre. Al cabo de una semana habían reunido el material que necesitaban para que Dédalo pusiera en marcha su plan: construir dos pares de alas, uno para él y otro para su hijo, utilizando las plumas de las aves, que unieron entre sí y montaron sobre unas cañas gracias a la cera de las abejas.

—Saldremos volando de aquí como los pájaros —le explicó a Ícaro—, pero recuerda estas dos normas: no vueles demasiado alto, porque el sol derretiría la cera, ni demasiado bajo, porque la espuma del mar mojaría las plumas. En ambos casos caerías sin remedio y te estrellarías contra el suelo o te ahogarías en las aguas. ¿Entendido?

—Entendido, padre.

Ambos subieron a la plataforma desde la que Teseo había cargado contra el Minotauro. Tenía una altura considerable y era apropiada para despegar. El primero en hacerlo fue Dédalo. Saltó al vacío, planeó unos metros y, a continuación, comenzó a batir las alas para ascender. Su hijo lo imitó y muy pronto se vieron en el aire, sobrevolando el laberinto y alejándose de Creta ante el asombro del rey Minos y de su guardia, que trató en vano de derribarlos con sus flechas.

El plan había dado resultado. No tardarían en llegar al continente. Ícaro estaba encantado con sus alas. Buscaba las corrientes de aire que le permitían ganar impulso y elevarse más y más cada vez. El cielo era suyo. Una increíble sensación de libertad embriagaba sus sentidos. Seguramente por ello no advirtió que las plumas de sus alas comenzaban a desprenderse. El sol, que calentaba con fuerza, estaba derritiendo la cera que las mantenía unidas. Dédalo, que volaba mucho más bajo, no se dio cuenta de lo que estaba pasando hasta que un trozo de plumón vino a posarse sobre su mejilla. Extrañado, levantó los ojos y vio a su hijo.

—¡Ícaro! ¡Tus alas! ¡Baja inmediatamente!

Pero el joven estaba demasiado lejos para oírlo. Lo miró con extrañeza y se encogió de hombros, dando a entender que no comprendía lo que su padre trataba de decirle. Dédalo batió sus alas con más fuerza, pero no era tan joven como su hijo y pesaba mucho más que él, por lo que no pudo remontarse hasta su altura. Entonces sucedió lo inevitable. La cera no aguantó más y las plumas se desperdigaron. Ocurrió primero en el ala izquierda. El pobre Ícaro perdió el equilibrio y giró bruscamente. Trató de recuperar el control agitando con más fuerza el ala derecha, pero solo logró deshacerla por completo. El pobre muchacho observó con horror lo que estaba sucediendo. Un instante después caía al mar.

Dédalo encontró el cuerpo del desventurado en unas rocas y, llorando amargamente, lo llevó a una isla cercana, donde lo depositó en un sepulcro. Desde ese día, la isla se conoce como Icaria.

PÍCAROS

¿Conocéis el significado de la palabra «pícaro»? La utilizamos para referirnos a una persona que actúa con picardía, es decir, que se sirve de alguna artimaña para salirse con la suya. Un pícaro es astuto, por eso despierta nuestra simpatía, y descarado, lo cual provoca la ira de aquel que se siente burlado por él. Por si lo dudáis, os advierto que es muy mala idea provocar la ira de los dioses, sobre todo la de Zeus, mi jefe, que no aguanta muchas bromas y, como te descuides, te fulmina con un rayo. Aunque a veces prefiere castigar a quienes lo desafían con tormentos verdaderamente crueles. No sé cómo se le ocurren suplicios tan perversos. Solo me lo puedo explicar por un corte de digestión tras alguno de nuestros banquetes. Una noche en vela con calambres en el estómago da para mucho y nada bueno.

24. PROMETEO, EL LADRÓN DEL FUEGO

Un buen ejemplo de pícaro es Prometeo, un titán, un dios menor que nunca terminó de aceptar la autoridad de Zeus.

Podría haberse alzado contra él, pero su rebelión habría fracasado antes incluso de empezar, pues no contaba con la fuerza suficiente para imponerse al soberano del universo. Por eso decidió desafiarlo. Tomó agua y tierra, formó barro y modeló hombres, a los que les insufló vida. Prometeo se esforzó por enseñar a la humanidad todas las artes de la civilización: matemáticas, astronomía, navegación, metalurgia, medicina. No solo eso, dotó al hombre de memoria para que conservara la experiencia de lo vivido y se la transmitiera a los demás, y de razón para que pudiera adelantarse a lo que había de suceder. En el colmo de su audacia decidió hacerle un regalo sublime: la risa, una forma de expresar su alegría y un consuelo soberbio en los momentos de amargura.

Entonces, Prometeo buscó a Zeus, le mostró su creación y dijo:

—Podrás cubrir el cielo de nubes, enviar tempestades que arrasen la tierra y fulminar a tus enemigos con el rayo, pero tendrás que respetar la vida de los hombres, pues no te pertenecen. Míralos en sus cabañas, no has sido tú quien las ha edificado. Contempla sus hogares, sé que sientes envidia de su lumbre. ¿Quieres que te honren? ¿Por qué habrían de hacerlo? No dependen de ti... ¡y yo tampoco!

Zeus escuchó su discurso, pensó bien cuál habría de ser su respuesta y luego intervino:

—Tus palabras, Prometeo, no me ofenden. Es el rencor quien habla por tu boca. En cuanto a la humanidad que has creado..., voy a respetarla; es más, a partir de hoy me consideraré padre de los dioses y de los hombres, con los cuales sellaré una alianza: ellos me rendirán culto, realizando ofrendas, y yo me mostraré propicio con ellos..., lo mismo que contigo, pues hoy te concedo mi perdón.

A partir de ese día, los hombres ofrecerían a Zeus los primeros frutos de cada cosecha y la mitad de cada animal que sacrificaran, quemándolos sobre un altar para que el humo llegase hasta la cumbre del Olimpo. Así lo hicieron. Primero eligieron una víctima, un robusto buey; luego lo condujeron hasta un altar, lo purificaron derramando agua sobre su cabeza, ofrecieron libaciones vertiendo vino sobre el suelo y, finalmente, lo degollaron con un cuchillo que traían en una cesta llena de cereales. A continuación echaron el grano sobre el fuego que ardía en el altar, pero, cuando se disponían a hacer lo mismo con la mitad del animal, empezaron a discutir acerca de qué parte debían quedarse y cuál habrían de ofrecerle a Zeus. Prometeo, que había presenciado el ritual a cierta distancia, se acercó a ellos.

—Decidme, ¿quiénes criaron a este buey? Vosotros, ¿no es cierto? Por lo tanto tenéis derecho a quedaros con la mejor parte. Los dioses beben néctar y comen ambrosía; vosotros, en cambio, tenéis que trabajar para ganaros el sustento. Haced dos lotes: uno con la carne y las entrañas, el otro con los huesos. Cubrid el primero con el estómago del animal y el segundo con grasa blanca. Yo iré a buscar a Zeus para que sea él mismo quien escoja entre ambos. Su decisión se convertirá en ley a partir de hoy.

Prometeo corrió a buscar a Zeus y regresó con él.

—Zeus, padre de los dioses y de los hombres —comenzó a decir el titán—, la humanidad ha sacrificado este buey en tu honor. Como esta ofrenda ha de resultarte agradable, desean que seas tú mismo el que escoja la mitad del animal que habrá de colocarse sobre tu altar para que el fuego sagrado la devore. Decide, pues, ya que, a partir de hoy, cualquier res que inmolen los hombres se repartirá del mismo modo que este buey.

Zeus observó el primer lote, con la carne y las entrañas, cubierto con el estómago del animal. Su aspecto era repugnante y su olor, nauseabundo. Volvió la mirada hacia el segundo lote, con los huesos cubiertos de grasa blanca. Tenía un aspecto fresco y el olor de la grasa despertó su apetito. La decisión era clara. Los hombres tomaron esa mitad, la colocaron sobre el altar y dejaron que el fuego la consumiera. Zeus estaba satisfecho. Entonces, los humanos se acercaron a la parte que les correspondía, desecharon el estómago y se quedaron con la carne y las vísceras del buey para celebrar un banquete. Al ver aquello, el señor del Olimpo se quedó pálido. ¡Se habían burlado de él! Se volvió furioso contra Prometeo, pero, en aquel momento, escuchó algo a sus espaldas. Eran risas. ¡Los hombres estaban riéndose! ¿De qué? ¿De quién? ¿Acaso de él? Doblemente humillado los vio alejarse, precedidos por Prometeo, que llevaba en la mano una tea para encender una gigantesca hoguera en la que asarían el buey.

La soberbia de Prometeo y la insolencia de los hombres no podían quedar sin castigo. Zeus sabía muy bien qué hacer: los privó del fuego. La humanidad se quedó sin luz y sin calor. Ya no podían cocinar ni conservar los alimentos, ni siquiera calentar sus casas. Desde que no tenían modo de ahuyentarlas, las fieras los cercaban al caer el sol; y las enfermedades se extendían, pues dejaron de hervir las plantas, raíces y cortezas que les devolvían la salud.

Prometeo vio el sufrimiento de los humanos, sintió lástima de ellos y decidió actuar. Subió a la cima del Olimpo, esperó la llegada de la oscuridad y, sin que nadie lo advirtiera, entró en el fastuoso palacio de Zeus, morada de los inmortales, tomó una antorcha encendida y regresó con ella a la tierra.

Zeus contemplaba el cielo estrellado desde su mansión. La tierra estaba envuelta en tinieblas. De pronto, vio un punto de luz, luego brilló otro y otro más. Valle tras valle, todo se fue iluminando con miles de hogueras, un espectáculo espléndido que podía competir con el mismo firmamento. El rostro del padre de los dioses y de los hombres se contrajo. Un nombre cruzó por su cabeza: ¡Prometeo!

El castigo que Zeus ideó fue cruel y ejemplar. Ordenó que lo encadenaran a una roca en una de las montañas del Cáucaso, cerca del mar Negro, para que soportase eternamente el calor del día y el intenso frío de la noche; cada mañana, Zeus enviaba una feroz águila que devoraba el hígado del titán, y cada noche el órgano se regeneraba por sí mismo, para que el ave pudiese devorarlo de nuevo al amanecer. Un tormento atroz, ¿no es cierto? Por eso nadie acertaba a comprender el motivo de la desconcertante sonrisa que, a pesar de todo, seguía dibujándose en los labios del rebelde.

25. EL TORMENTO DE SÍSIFO

Sísifo fue el más astuto de los mortales. Un pícaro redomado que se servía de todo tipo de artimañas para salirse con la suya.

Un día, uno de sus vecinos, llamado Autólico, robó parte de su rebaño. Sísifo tomó nota y, cuando el ladrón volvió a las andadas, acudió a su casa y le reclamó sus ovejas, demostrando que eran suyas porque, como medida de precaución, les había grabado debajo de la pezuña una marca que decía: «Me ha robado Autólico». La anécdota corrió de boca en boca y el cuatrero se convirtió en el hazmerreír de toda la comarca.

Aunque era pastor, siempre mostró mucho interés por promover el comercio, tanto por tierra como por mar. De hecho, pagó de su bolsillo la mejora de varias calzadas y la ampliación del puerto de Corinto, la ciudad en la que vivía. Todos veían en él a una persona generosa y desprendida, hasta que, con el paso del tiempo, se descubrieron sus verdaderas intenciones: no era más que un truco para atraer a viajeros y navegantes, engañarlos de mil formas y quedarse con su dinero.

Pero lo que lo perdió fue su falta de discreción. Seguía muy de cerca todos los líos amorosos que se hacían y deshacían en el Olimpo y, en lugar de callarse, se dedicó a pregonarlos a los cuatro vientos. ¡Qué vergüenza para los dioses! Zeus montó en cólera y decidió acabar con él enviando a Tánatos, la encarnación de la muerte, para que se lo llevara consigo. La apariencia de esta deidad era espantosa, pero

Sísifo, como buen pícaro, no se inmutó. La recibió amablemente y la invitó a comer en una celda, en la que la encerró. ¡Menudo follón! Los vivos ya no morían, Caronte se pasaba el día mano sobre mano y Hades estaba más enfadado que un mono. De hecho, subió al Olimpo para hablar con su hermano y reprocharle que se dejase tomar el pelo de esa forma.

Finalmente, Zeus envió a su hijo Ares a liberar a Tánatos y, para escarmentar a Sísifo por su soberbia, le impuso un castigo espantoso: lo condenó a empujar una enorme roca hasta la cumbre de una montaña, desde donde volvía a caer ladera abajo, arrastrada por su propio peso, obligando al infortunado a regresar al punto de partida para comenzar de nuevo la ascensión, y así durante toda la eternidad.

26. LAS MENTIRAS DE TÁNTALO

Rico y amado por los dioses, que en varias ocasiones lo invitaron a compartir mesa con ellos en el Olimpo, Tántalo tenía un único defecto: era un mentiroso compulsivo. Traicionó su confianza robándoles néctar y ambrosía con la intención de celebrar una fiesta con sus amigos, fue descubierto y, aun así, lo negó todo. ¡Menudo cínico! Por si fuera poco, se dedicó a revelar todos los secretos que había oído durante el banquete olímpico, poniendo en evidencia a la mitad del panteón helénico.

Tuvo una fuerte discusión con Apolo por negar su divinidad, asegurando que el sol no era más que una gran bola de fuego. Es curioso que no hiciera lo mismo con Artemisa, diciendo que la luna no era más que una enorme roca un poco más grande que la península del Peloponeso. Seguramente no se atrevió por lo arisca y vengativa que es.

Peor fue lo que ocurrió con el mastín de Zeus, un perro de oro que había acompañado al dios desde su infancia y al que tenía un cariño enorme, pues había hecho guardia al lado de su cuna. Confió en Tántalo para que lo cuidase en su ausencia y, cuando regresó, este negó que le hubiera dejado al animal. ¡Menudo disgusto! Por fortuna, el can terminó apareciendo. Se lo había entregado a un tipo de dudosa reputación llamado Pandáreo, que cualquiera sabe lo que tenía pensado hacer con él.

Al final, Zeus se hartó de Tántalo y decidió castigarlo. Lo llevó a orillas de un lago y lo colocó entre sus aguas y un hermoso manzano que ofrecía deliciosos frutos, condenándolo a pasar hambre y sed eternas. Cuando se acercaba a beber, el viento soplaba haciendo que las aguas se retirasen y quedaran fuera de su alcance. Al mismo tiempo, las ramas del árbol bajaban, ofreciéndole sus manzanas. Tántalo corría hacia ellas para saciar su apetito, pero entonces el viento dejaba de soplar y las ramas se alejaban de su mano.

ENIGMAS Y MISTERIOS

Cuando pienso en los castigos que impone Zeus se me ponen los pelos de punta, pero casi lo paso peor cada vez que me envía a los dominios de Hades a hacer algún recado. ¡Menudo viaje! Pero claro, soy Hermes, el mensajero de los dioses, y, según parece, para mí no hay distancias y, por supuesto, tampoco existe el miedo. ¡Ya me gustaría a mí verlos a ellos en mi situación, bajando a los infiernos! Seguro que se daban la vuelta a las primeras de cambio y corrían a esconderse en el último rincón del Olimpo. ¿Pensáis que exagero? Pues acompañadme.

27. LOS DOMINIOS DE HADES

Para entrar en el inframundo hay que dirigirse al bosque de Perséfone, esposa de Hades, que marca el paso del mundo de los vivos al de los muertos. No es fácil atravesarlo, pues entre los altos álamos y los estériles sauces vagan las almas de aquellos que nunca recibieron sepultura. Todo aquel que quiera llegar a los dominios de Hades tiene que cruzar el río

Aqueronte. La travesía se hace a bordo de una barca gobernada por un siniestro anciano con barba gris, vestido de harapos y con un sombrero redondo. Su nombre es Caronte. No trabaja gratis, cobra un óbolo de plata. Por eso, los parientes o los amigos del difunto suelen poner una moneda bajo su lengua o encima de cada párpado. Los pobres, quienes no tienen amigos o no han sido debidamente enterrados no pueden pagar al barquero y, por lo tanto, permanecen para siempre en tierra de nadie.

Como os decía, a orillas del río Aqueronte existe una enorme roca. Allí es donde se congregan las almas para esperar a que Caronte las traslade al reino de los muertos a través de la pantanosa corriente. El barquero se ocupa de llevar el timón, pero no rema; de ello se encargan los propios espíritus, con los que se muestra tiránico y brutal, como si fueran sus esclavos.

La travesía no dura mucho, pero al descender de la barca hay que enfrentarse a un nuevo reto. Los dominios de Hades están guardados por Cerbero, un perro con tres cabezas y cola de serpiente que impide la entrada a los vivos y la salida a los muertos.

A partir de ese punto se abre un lugar terrible, en el que se pueden distinguir tres regiones. La primera son los Campos de Asfódelos, que se extienden justo delante. Allí es donde las almas de los muertos aguardan la sentencia que debe pronunciar un tribunal formado por tres jueces: Minos, Éaco y Radamantis. Aquellas que no han sido ni virtuosas ni malvadas permanecen en esa llanura, que bañan las turbias aguas del río Cocito, por la que vagan eternamente sin voluntad y sin memoria. Las almas impías son condenadas al Tártaro, la segunda región, a la que se llega siguiendo un sendero que se abre a la izquierda y atraviesa el Valle de los Lamentos. Tiene el aspecto de una gran fortaleza, protegida por una triple muralla y rodeada por un río de fuego conocido como Flegetonte. Las almas virtuosas, en cambio, se dirigen a la derecha, hacia la tercera región, donde se encuentra el palacio de Hades y, tras él, los Campos Elíseos, morada de los bienaventurados.

Para entrar en el palacio de Hades tendréis que armaros de valor. Es un edificio tenebroso, sobrecogedor, con innumerables puertas y estancias, provisto de colosales columnas y repleto de sombras. La fachada anterior está situada frente al aterrador paisaje que os he descrito. La posterior, en cambio, mira hacia los Campos Elíseos, un lugar gozoso, con agradables praderas y aire limpio, iluminado por una luz púrpura, pues quienes habitan allí tienen su propio sol y otros astros. Unos se dedican a jugar o hacer deporte; otros practican la danza o la música; muchos ennoblecen su vida descubriendo las artes y los más intrépidos disfrutan montando a caballo o conduciendo veloces carros. Son felices, pues todos sus deseos se ven colmados y no conocen ni el dolor ni la fatiga.

Os llamarán la atención dos lagunas. Una se llama Mnemósine. La reconoceréis fácilmente, ya que junto a ella crece un álamo blanco. Quien bebe sus aguas recuerda todo y alcanza la omnisciencia. Es el lugar idóneo para aquellos que buscan la sabiduría. La otra se llama Leteo. No os podéis confundir, pues en su orilla crece un ciprés blanco.

Quien bebe o se baña en sus aguas olvida su vida anterior, en particular, todo lo relativo al mundo infernal. Es la condición que impone Hades a las almas que desean volver a ocupar un cuerpo para regresar al mundo de los vivos en carne mortal, y temer y desear, sufrir y gozar bajo los mismos cielos que os acogen a vosotros y a mí.

Yo vengo mucho por aquí, pues entre mis variadas atribuciones se encuentra la de servir de guía a los difuntos que llegan al umbral del inframundo, pero, como os digo, no acabo de acostumbrarme. En primer lugar, porque queda lejísimos y tardo una barbaridad en llegar. Imaginaos: un yunque de bronce que cayera desde el cielo tardaría nueve días con sus noches en alcanzar la tierra y otros nueve en llegar hasta el Tártaro. En segundo lugar, porque el mundo de las sombras me da verdadero miedo; nunca me han gustado las películas de terror, soy más de comedias románticas. Y, en tercer lugar, porque en los infiernos no se ve nada, te pasas todo el tiempo tropezando y luego, cuando vuelves a la tierra, la luz del día te deslumbra. Así que poneos las gafas de sol, chicos, que subimos.

28. EL ORÁCULO DE DELFOS

En la ladera del monte Parnaso se encuentra Delfos, donde desde tiempo inmemorial existe un santuario dedicado al dios Apolo, sede de su famoso oráculo. Tres caminos conducen hasta él. Son anchos, llanos, bien cuidados y avanzan entre verdes arbustos. Los tres llegan hasta un manantial

que brota entre laureles, la fuente Castalia, cuyas aguas sirven para que los peregrinos se purifiquen antes de entrar en el recinto sagrado, al que se accede por un sendero que sube por una pronunciada pendiente.

El templo se encuentra sobre una profunda garganta. Tiene seis columnas en el frente y quince en los lados. En la parte superior, sobre el frontón, hay una inscripción: «Conócete a ti mismo», un consejo que merece la pena seguir si uno quiere tomar decisiones acertadas en la vida. Justo enfrente está situado el altar de los sacrificios, donde los fieles realizan sus ofrendas.

Para entrar hay que subir tres escalones. El ritual se desarrolla en una sala subterránea. Allí es donde se encuentra el ónfalo, una piedra de mármol blanco que marca el centro de la tierra. Es el lugar más sagrado de Grecia. Se dice que fue allí donde nació todo lo creado. En el suelo se puede apreciar una grieta natural de la que salen vapores. Todos piensan que es el ombligo del mundo. Por eso, acuden allí para comunicarse con la divinidad.

El séptimo día de cada mes, la Pitia, el nombre con el que se conoce a la sacerdotisa de Apolo, toma agua de la fuente Castalia y se dirige al templo con una corona y un bastón de laurel, el árbol que representa al dios. Desciende a la cámara subterránea y se sienta en un trípode que coloca sobre la grieta. Al inhalar los vapores que salen de ella, la mujer entra en trance. Su cuerpo se agita, sus ojos quedan en blanco. En ese estado pronuncia sus oráculos, inspirados por el hijo de Zeus. Cuando vuelve en sí, se levanta y abandona el templo, recorriendo la vía Sacra, una calzada flanqueada por monumentos erigidos para dar gracias al dios por sus favores.

El oráculo de Delfos no predice el futuro. Se limita a dar consejo cuando alguien debe tomar una decisión especialmente difícil. Se realizan todo tipo de consultas. Algunas son de carácter personal, relativas al matrimonio, a los hijos o a los negocios, pero otras tienen un perfil político: dónde hay que fundar una nueva ciudad, qué leyes se deben ratificar, si es aconsejable ir a la guerra contra el enemigo o, por el contrario, conviene firmar la paz, etcétera.

Hay que tener en cuenta que las palabras de la Pitia han de ser correctamente interpretadas por el interesado. Si acierta, tomará la decisión adecuada; si se equivoca, fracasará. Cuando Jerjes, el rey de Persia, amenazaba con conquistar Atenas, el oráculo anunció una derrota si no defendían la ciudad levantando «murallas de madera». Temístocles comprendió que el oráculo estaba hablando de los costados de los barcos de guerra y construyó una gran armada con la que venció al enemigo en la batalla naval de Salamina. Todo lo contrario le ocurrió a Creso, rey de Lidia. Preguntó si debía cruzar el río Halis y atacar Persia. La Pitia dijo que, si obraba así, destruiría un gran imperio. Creso pensó que el oráculo le era favorable, suponiendo que ese gran imperio era el persa, cuando en realidad era el suyo.

Por otra parte, como los oráculos se transmiten de viva voz, hay que prestar mucha atención a la hora de ponerlos por escrito para no alterar su sentido. En cierta ocasión, un soldado acudió muy preocupado para preguntar qué suerte correría en la batalla. La respuesta fue: «Irás, volverás, no morirás en la guerra». El joven marchó jubiloso. Por desgracia, cayó en combate. Su error consistió en no puntuar correctamente la oración, que debería haberse redactado así: «Irás. ¿Volverás? No. Morirás en la guerra».

29. LA ATLÁNTIDA

La Atlántida fue una isla-continente que, según se cuenta, acabó sumergida en el Atlántico a causa de un cataclismo. Estaba formada por anillos concéntricos de tierra y de mar, que iban alternándose, de mayor a menor envergadura, dos de tierra y tres de mar en total, excavados a partir del centro de la isla, todos a la misma distancia y unidos por corredores, de forma que el corazón del continente, donde se elevaba un templo en honor a Poseidón, dios de los mares y protector de aquella civilización, era inexpugnable.

La Atlántida disponía de dos manantiales de agua dulce: uno caliente y otro frío. La tierra era fértil y ofrecía sustento variado y suficiente para hombres y mujeres, y también para sus rebaños. En sus montañas había grandes bosques que proporcionaban madera en abundancia. En cualquier lugar crecían flores y frutos. Tampoco faltaba piedra de color blanco, negro y rojo con la que construir ciudades y amurallarlas. Sin embargo, su principal riqueza era el oricalco, un mineral que abundaba en la isla, el más valioso de todos los metales, con excepción del oro. Como recibían todas estas cosas de la tierra, que daba dos cosechas al año, y eran además excelentes artesanos, los atlantes construyeron palacios, viviendas, talleres, puertos y astilleros, convirtiéndose muy pronto en una gran potencia.

La isla estaba dividida en diez regiones, cada cual con su propio monarca. Mantenían excelentes relaciones entre sí y, siempre que era necesario, cooperaban unas con otras. El pueblo y sus gobernantes se regían por unas leyes comunes, escritas sobre una columna de oricalco, que se alzaba en el templo de Poseidón. Cada seis años se celebraba una asamblea para deliberar y tomar decisiones sobre aquellos asuntos que afectaban a todos.

Durante muchas generaciones, la Atlántida fue una tierra pacífica que prosperó gracias a la industria, la más avanzada de la época, y al comercio, impulsado por su enorme flota mercante. Sin embargo, con el tiempo se volvieron codiciosos y reunieron un gran ejército, formado por carros de guerra, caballos y jinetes, infantes, arqueros, lanceros y honderos, con el que se lanzaron a la conquista de Europa y África. Una armada de mil doscientas naves se encargó de trasladar a las tropas allá donde fuera necesario. La sociedad, que hasta entonces había sido admirada por todos, pasó a ser la más temida. Su potencial militar era apabullante y no tardaron en llegar a las puertas de Atenas, la única ciudad que resistió al invasor. Al encontrar resistencia en Grecia, decidieron lanzarse contra Egipto, donde sufrieron una nueva derrota, que marcaría el comienzo de su decadencia.

Los atlantes, prudentes y virtuosos, se habían corrompido por efecto del poder y de la ambición. Culpándose unos a otros de sus fracasos militares, empezaron a luchar entre sí, colocando a la isla al borde de una guerra civil. Entonces, el dios Poseidón se enfureció con ellos y decidió acabar con los que fueran sus favoritos. Tras un violento terremoto y un diluvio extraordinario, en un día y una noche terribles, su civilización fue sepultada por la tierra y la Atlántida desapareció de la misma manera, hundiéndose en el mar. Por ello, aún ahora, los barcos no pueden navegar por ese punto del océano, pues quedan encallados en el limo que dejó la isla, la cual se encuentra sumergida a muy poca profundidad... esperando que alguien la descubra.

EL PORQUÉ DE LAS COSAS

¿Sois curiosos? Os confieso que yo sí. Siempre me ha gustado conocer el porqué de las cosas. Muchos de nuestros mitos tratan precisamente sobre el origen del universo y de sus criaturas, explican las causas de un fenómeno, reflexionan acerca del bien y del mal, critican un comportamiento o justifican una costumbre. ¿Os acordáis de Prometeo? Es un buen ejemplo. Explica el origen del ser humano y su relación con los dioses. Ahora bien, deja algunos cabos sueltos. ¿Quién fue la primera mujer? ¿Cómo llegó el mal al mundo? A lo mejor os apetece que os lo cuente. ¿Sí? Pues adelante.

30. LA CAJA DE PANDORA

Después de ajustar cuentas con Prometeo, Zeus decidió castigar a los hombres. Para ello, recurrió a Hefesto, que, como sabéis, además de herrero, es el mejor artesano del Olimpo. Le ordenó que tomara agua y tierra, formara barro, modelara una mujer y le insuflase vida. Esta se llamó Pandora. Hefesto la modeló a imagen y semejanza de su esposa, la hermosa Afrodita. A continuación, los dioses fueron pasando ante ella y le concedieron toda clase de dones: Hera le otorgó la gracia; Apolo, la elocuencia y la persuasión; Atenea, la inteligencia; Artemisa, el juicio certero; Hestia, la habilidad manual; Deméter, la fecundidad; Ares, la fuerza; Dioniso, la alegría; y yo, Hermes, puse en su corazón una curiosidad insaciable, sin imaginar entonces que habría de causar la desdicha del género humano.

Dotada de tan altas cualidades, fue enviada a la tierra, a casa de Epimeteo, el hermano de Prometeo. Este, que jamás había conocido a un ser tan dulce, se quedó prendado de ella. Pandora tenía una sonrisa preciosa, que inspiraba confianza; un carácter apasionado e independiente; talento y tesón; confianza en sí misma y, al mismo tiempo, una mente abierta. Pandora parecía no tener límites, estaba llena de sorpresas e irradiaba encanto, pocas veces cedía a la ira o a la tristeza, nunca negaba su ayuda a nadie, jamás se rendía.

Pandora y Epimeteo parecían hechos el uno para el otro. Su atracción se convirtió pronto en amor y decidieron celebrar sus bodas. La pareja hizo coincidir su matrimonio con la luna llena del mes de enero. A continuación celebraron un banquete y, al caer la tarde, un cortejo nupcial acompañó a los nuevos esposos hasta su hogar, iluminando el camino con antorchas, entonando cantos al son de flautas y cítaras. El propio Zeus descendió a la tierra para felicitar a los recién casados.

—Queridos hijos, he venido para daros mi bendición... y para haceros un regalo. —Sacó una preciosa caja de oro que llevaba oculta bajo su manto y la puso en manos de Pandora.

—Es muy bonita... ¿Qué contiene?

—Es mejor que no lo sepas, Pandora. Ahora prométeme que nunca, bajo ningún concepto, abrirás esta caja.

—Así será.

—Que así sea y que la buena fortuna os acompañe siempre.

Epimeteo y Pandora eran muy felices. Su casa se encontraba al abrigo de una ladera y contaba con un hermoso patio central con columnas de estuco rojo, simétricamente distribuidas. La caja que Zeus había regalado a la pareja ocupaba un lugar especial en él. Cada vez que Pandora pasaba por delante, se preguntaba qué habría en aquella caja dorada. Su curiosidad fue creciendo. Un día, sin ni siquiera proponérselo y casi sin ser consciente de lo que estaba pasando, la tomó en sus manos. La caja parecía alumbrada por un fuego desconocido. Un misterioso temblor se apoderó de sus dedos. Su instinto le decía que no debía abrirla, pero la tentación era muy poderosa. Mimada por el destino, protegida por los dioses, sin nada que perder y nada que ganar, bien podía asumir algún riesgo. Lo oculto debía revelarse. Dio un paso en el vacío, se sintió ligera, transformada, y se entregó al vértigo... Debía abrir la caja y lo hizo.

En su rostro se dibujó el horror. La caja estaba vacía; mejor dicho, solo contenía tinieblas. Una oscuridad densa, impenetrable, que escondía el mayor de los misterios: el mal. La caja se deslizó entre los dedos de Pandora, chocó contra el suelo y se hizo pedazos. En el patio se formó un espeso lodazal. Las calamidades que azotan a los hombres emergieron con sucia turbulencia a la superficie y se extendieron por el mundo: las fatigas, la miseria, la locura, el vicio, la iniquidad, el crimen, la guerra... habían sido liberados. El espanto ante el error que había cometido hizo que la joven cayera de rodillas y comenzara a llorar desconsoladamente. Su llanto se mezcló con los gritos de angustia que resonaban en todo el orbe. Zeus, desde el Olimpo, sonreía.

De repente, Pandora escuchó una voz a su espalda:

—No nos damos cuenta de que vivíamos en el paraíso hasta que hemos sido expulsados de él.

Era Epimeteo, su marido, que la miró con cariño, le tendió la mano para que se pusiera de nuevo en pie y la abrazó con ternura. La pareja recogió los restos de lo que había sido la caja y, entre ellos, encontró una perla blanca. Epimeteo pensó que era la joya perfecta para realzar la belleza de su mujer, colgada de su cuello. La tomó entre el dedo pulgar y el índice, pero la esfera resbaló, cayó al suelo y fue rodando hasta parar en el fango que ahora lo llenaba todo. Entonces se obró el prodigio. La charca en la que se había convertido el patio comenzó a aclararse, transformándose en una fuente de aguas cristalinas de la que brotó la figura de una mujer. Era Elpis, hija de la noche, la diosa de la esperanza, la única que no abandonó a la humanidad cuando Zeus decidió castigarla. Esta les dirigió estas palabras:

—La humanidad ha caído en desgracia, pero esto no significa que no podáis ser felices. Disfrutad de la existencia y respetad la libertad. Amad el arte y la belleza como descanso de vuestros trabajos. Cultivad el saber. La riqueza debe representar para vosotros la oportunidad de realizar algo y no un motivo para hablar con soberbia; y en cuanto

a la pobreza, para nadie constituye una vergüenza el reconocerla, sino el no esforzarse por evitarla. El desafío al que os enfrentáis es grande, pero vuestra gloria será aún mayor si permanecéis fieles a vosotros mismos: hombres y mujeres valientes a los que, si alguna vez se equivocaron, jamás les faltó el coraje para ponerse en pie y seguir caminando.

31. DEUCALIÓN Y PIRRA

Después de ser creada por Prometeo, la humanidad atravesó por cuatro edades. La primera fue una edad de oro, en la que reinaba la paz y la concordia, el corazón de los hombres estaba inclinado al bien, actuaban con justicia y buena fe, no había enfermedad, vejez ni disputas, y la muerte, de la que no eran conscientes, cerraba sus ojos con delicadeza, como si fuera un sueño. A esta la sucedió una edad de plata, cuando lo que hasta entonces había sido una eterna primavera dio paso a cuatro estaciones. La alternancia de frío y calor, fertilidad y sequedad, abundancia y carestía forzó a las personas a servirse de corvos arados para abrir las entrañas de la tierra, sembrar semillas en su seno y cosechar frutos con los que sustentarse ellos y sus hijos. Sometidos a la ley del trabajo inventaron las palabras «tuyo» y «mío», colocaron puertas en sus casas, levantaron cercas para protegerse de las fieras, domesticaron animales y acumularon bienes para las épocas de necesidad. Llegó entonces la edad de bronce, en la que los males que Zeus había encerrado en la caja de Pandora fueron liberados y se extendieron por el mundo. A pesar de las advertencias de Elpis, diosa de la esperanza, la codicia se apoderó del corazón de la gente; la envidia y la soberbia alentaron la discordia; se levantaron fronteras entre unos territorios y otros; se forjaron armas; se reunieron ejércitos y estallaron guerras.

Al ver Zeus que la maldad humana crecía sobre la tierra y que todos los pensamientos de su corazón tendían únicamente al mal, reunió a los dioses en su palacio del Olimpo y les dijo:

—El mundo está corrompido y lleno de violencia por culpa de los hombres. Voy a borrar su raza de la faz de la tierra. Enviaré sobre ellos un diluvio, una lluvia copiosa y persistente que provocará terribles inundaciones y los hará perecer.

En Ftía, a los pies del monte Otris, vivían Deucalión y Pirra, hija esta de Epimeteo y Pandora, llamada así por sus cobrizos cabellos. El matrimonio llevaba una existencia apacible, dedicada al cultivo de los cereales y el lino. Una noche, en sueños, Deucalión recibió un oráculo de Prometeo.

—Deucalión, Zeus se dispone a enviar un diluvio sobre la tierra para exterminar a toda la humanidad, pues la culpa de la corrupción y de la violencia que imperan en el mundo. Fabrícate un arca con madera de ciprés. Será un navío pesado y redondo, para evitar que las olas lo hagan zozobrar. Navegará con una vela cuadrada de lino tejida de una sola pieza, ligera y resistente. Provéete además de remos. Llevarás a bordo suficiente comida para ti y para tu mujer. Trabaja deprisa, porque el fin de la raza humana está cerca.

Al despertar, Deucalión contó a su esposa lo que Prometeo le había revelado en sueños y la pareja se puso a trabajar en el barco.

El día que comenzó el diluvio, Zeus encerró en una gruta a Eolo, Bóreas y todos los vientos que ahuyentan las nubes, y solo dejó libre a Austro, el cual se precipitó sobre la tierra cargado de agua. Su frente estaba oculta tras un manto de niebla, el agua fluía de sus blancos cabellos, su rostro era negro como la pez, sus barbas estaban cargadas de nubarrones y la lluvia le manaba del pecho. Retumbó el trueno y un denso diluvio cayó desde el cielo. Poseidón, hermano de Zeus, colaboró en la destrucción del género humano golpeando la tierra con su tridente. Esta tembló y su estremecimiento abrió camino a las aguas, que se salieron de su cauce derribando los diques, arrastrando las casas y anegando los campos. Al mismo tiempo, los habitantes de la costa pudieron observar que el mar empezaba a retroceder dejando a la vista una llanura cubierta de limo, sobre la que se apreciaban los restos de antiguos naufragios. Su asombro se transformó en terror cuando observaron una ola gigantesca acercándose desde el horizonte, una auténtica pared de agua coronada de espuma que se abatió sobre la humanidad. Fue la primera, pero no la peor. Las olas fueron sucediéndose duplicando y aun triplicando su altura en cada ocasión. Muy pronto no se pudo distinguir el mar de la tierra: todo era océano, azul sin límites.

Mientras esto ocurría, Deucalión y Pirra navegaban en mar abierto, donde las olas no rompían contra la orilla y, por lo tanto, no corrían el peligro de ser arrastrados por las corrientes. La pareja había repartido la carga que llevaba a bordo y la nave flotaba en perfecto equilibrio. Las nubes se cerraron ocultando el sol y las tinieblas cubrieron la tierra. Llovía torrencialmente. De vez en cuando un rayo cruzaba el horizonte iluminando el orbe por unos segundos. La visión que revelaba era sobrecogedora: montañas de agua de una altura imponente, vertiginosos abismos de una profundidad espantosa, negras nubes hasta donde alcanzaba la vista que parecían estar a punto de tragarse el escaso espacio que quedaba entre el cielo y el mar. La madera crujía, el cordaje restallaba. Cada vez que la popa tocaba la cima de una de aquellas montañas de espuma y la embarcación comenzaba a deslizarse por su pendiente, llegaba otra que la alzaba de proa y la encaramaba de nuevo a su lomo. El viento giraba en remolinos provocando pequeños tornados que elevaban el agua del mar hasta las nubes, desde donde se precipitaba de nuevo mezclándose con la lluvia.

El azote de la tempestad duró nueve días con sus nueve noches. Transcurrido ese tiempo, las nubes se retiraron y el sol volvió a brillar. Las aguas cubrían la tierra por entero. Millones de personas, los habitantes de la edad de bronce, habían dejado de existir.

Deucalión desplegó la vela y Pirra se encargó de dirigir la nave. La embarcación cortaba el mar en absoluto silencio. De pronto, a lo lejos, distinguieron un pico que sobresalía de las aguas. Su perfil no dejaba lugar a dudas: se trataba del monte Parnaso. Pusieron rumbo a él y, al final de la mañana, consiguieron acercarse a tierra, utilizando los remos para no embarrancar. Poco a poco, el nivel de las aguas fue descendiendo y pudieron ver un templo consagrado a Temis, diosa de la justicia, construido en la ladera del monte. Saltaron a tierra y se dirigieron hacia él.

Era un edificio de planta rectangular cubierto por un tejado de doble vertiente. Atravesaron el vestíbulo y entraron en la cámara central, formada por tres naves separadas por columnas. La estatua de la diosa seguía en su sitio. Pirra alzó la voz:

—¿Dónde están los que habitaron este mundo antes que nosotros? ¿Dónde están nuestros padres, nuestros hijos y nuestros amigos? ¿Qué ha sido de nuestras casas, de nuestras granjas, de nuestras ciudades? Nuestro mundo, que parecía destinado a perdurar, ha desaparecido. Todo está donde siempre estuvo, pero nada es igual. Es cierto que la humanidad no era perfecta y que nuestra historia es un libro repleto de atrocidades..., pero lo que nos esperaba en la última página supera todo lo imaginable. Una generación ha sido testigo de una guerra; otra, de una revolución; una tercera, de una hambruna; una cuarta, de una epidemia..., pero ¿qué es eso comparado con esta catástrofe? ¿Qué será de la creación a partir de ahora? ¿Quién heredará la tierra?

El llanto le impidió seguir hablando. Los esposos dieron la espalda a la diosa y se encaminaron hacia la salida. Cuando se disponían a atravesar el umbral, escucharon hablar a Temis.

—Hoy comienza una nueva era. Avanzad sin volver la vista atrás. Lanzad a vuestras espaldas los huesos de vuestra madre y la humanidad renacerá.

—¿Qué significa eso? —preguntó Pirra—. ¿Nos pides, además, que profanemos la tumba de mi madre, Pandora?

La voz guardó silencio. Todavía faltaba mucho para que la tierra se secase, así que Deucalión y Pirra volvieron a su nave. Mientras caminaban, él se fijó en las piedras del camino por el que iban ascendiendo... y comprendió. Tomó una de ellas y la arrojó a su espalda por encima del hombro. Aquellos eran los huesos a los que se había referido Temis: los de la madre Gea. Al hundirse en el barro, la piedra se transformó en una figura que creció hasta convertirse en un hombre. Una tras otra, Deucalión y Pirra fueron arrojando cientos de rocas a sus espaldas: de las que lanzaba él nacían varones y de las que lanzaba ella, mujeres. El color y el tono de las piedras dieron lugar a hombres blancos, negros, amarillos o cobrizos. Las más pesadas originaban gentes robustas; las más ligeras, personas delgadas. Piedras de todo tipo engendraron seres de todo tipo. Así fue como una nueva humanidad pobló la tierra inaugurando una nueva edad, la de hierro, la cuarta y última, que llega hasta nuestros días.

32. LA SOBERBIA DE ARACNE

La soberbia nos ciega. Es una pasión que nos impide vernos tal y como somos, y nos invita a creernos iguales a los dioses, cuando ni siquiera ellos pueden escapar al destino. Ignoramos el orden al que estamos sujetos y atraemos sobre nosotros la desgracia. Cuando esto ocurre, el oído viene en ayuda del ojo: escuchar es el primer paso para volver a ver.

Aracne no atendió las súplicas de quienes le pedían humildad y, por eso, sufrió un espantoso castigo.

La joven Aracne era famosa en su tierra, Lidia, pero no por su linaje ni por su nacimiento —había venido al mundo en una humilde choza—, sino por la destreza de sus manos. Su padre era tintorero y su madre, que murió cuando ella era pequeña, hilandera. A nadie le extrañó que la muchacha se convirtiese en tejedora, oficio en el que destacó muy pronto. Todo el mundo acudía a su taller para contemplar su trabajo. Las alabanzas que recibía a todas horas terminaron convirtiéndola en una persona altiva y presuntuosa. Su arrogancia la llevó a afirmar que aventajaba en maestría a la propia Atenea, diosa de la sabiduría, protectora de las hilanderas, tejedoras y bordadoras. Sus palabras causaron un enorme revuelo.

—No deberías hablar así de una diosa —le aconsejó una de sus mejores amigas.

—¿Puedo saber por qué? —preguntó ella con descaro.

—Porque Atenea podría ofenderse —fue la piadosa respuesta.

—Quien dice la verdad no ofende —afirmó Aracne muy segura de sí misma.

—Puede que tengas razón, Aracne, pero ten en cuenta que una cosa es decir la verdad y otra ser insolente. Reconsidera tus palabras, acude a su templo y tributa honores a la diosa.

—¿Participar en las procesiones y en los sacrificios para implorar su perdón y su protección? ¡Jamás! Debería ser Atenea quien se postrara ante mí para reconocer mi talento.

Las palabras de Aracne volaron hasta el Olimpo y Atenea decidió bajar a la tierra para conocer a la engreída muchacha. Entró en su taller adoptando la figura de una anciana, saludó y pasó un buen rato admirando la labor de la muchacha.

—Debo admitir que eres una espléndida tejedora. Tu trabajo es magnífico, digno de Atenea.

—En eso te equivocas. Atenea no puede compararse conmigo.

—¿Cómo es eso, niña? ¿No respetas a los dioses? ¿No imploras el amparo de tu protectora?

—No lo necesito. Si Atenea estuviera aquí, la retaría a competir conmigo y les demostraría a todos que soy mejor tejedora que ella.

—El orgullo te ciega, Aracne. Es tu debilidad. ¿No adivinas quién te habla?

—Eres Atenea, ¿verdad?

—Lo soy. Póstrate ante mí y olvidaré tus ofensas.

—¡Jamás! Solo lo haré si aceptas el reto y me vences. Pero te advierto que si resultas vencida, serás tú la que se postre a mis pies.

—Como desees.

La visita de la diosa no podía pasar desapercibida y decenas de curiosos se acercaron al taller de Aracne para ser testigos del desafío.

Atenea comenzó a mover sus dedos con una habilidad y una rapidez sorprendentes. Elaboró un tapiz de seda dorada para exaltar el poder de los dioses. Zeus ocupaba el centro, como soberano del orbe. A su izquierda se veía a Poseidón, dueño de los mares; y a su derecha, a Hades, señor del inframundo. Por debajo de este aparecían Cronos y Urano, a quienes se había impuesto, trayendo la justicia al universo. Esta estructura en forma de T dividía la tela en dos mitades simétricas: la bondadosa Hera, protectora de los matrimonios; Artemisa, garante de la caza; Afrodita, dispensadora del dulce néctar del amor; Hestia, llama de los hogares; y Deméter, dadora de cosechas, estaban a la izquierda. Hermes, encargado de llevar la palabra de Zeus a los humanos; Apolo, inspirador del arte y de la belleza; Ares, fuerte en la guerra; Hefesto, artífice de la industria; y Dioniso, a quien debemos la alegría de las fiestas, se alineaban a la derecha. La propia Atenea aparecía en el extremo inferior con los brazos en alto, rubricando una obra creada para ensalzar la bondad de los inmortales.

Aracne tomó hilos rojos y negros y los trenzó con una pericia y una agilidad asombrosas para elaborar un tapiz que revelaba las miserias de los dioses: Zeus castigando a Prometeo, Sísifo o Tántalo, Poseidón destruyendo a la humanidad, Hades arrastrando a las almas al reino de las sombras, Hera dando rienda suelta a los celos y a la venganza, Artemisa matando a los cazadores que habían osado competir con ella, Afrodita atormentando a los enamorados, Hestia dando la espalda a quienes habían implorado su protección, Deméter asolando los campos durante el invierno, Hermes portando las peores noticias, Apolo acosando a Dafne, Ares instigando a la guerra, Hefesto actuando como esbirro de su señor, Dioniso cayendo en todos los excesos... y Atenea, víctima de su propia inseguridad. Las figuras se

disponían en espiral, lo cual provocaba en el espectador un violento vértigo.

Cuando las dos rivales concluyeron su trabajo, los presentes se quedaron mudos, sin saber qué decir. Aracne se levantó y preguntó en voz alta:

—Juzgad, ¿quién es la vencedora del certamen?

Nadie dijo una sola palabra. Atenea interpretó bien aquel silencio. Nadie se atrevía a hablar para no aumentar aún más su cólera... No podían reconocer que el tapiz de Aracne era mejor que el de la diosa.

—No hace falta que les preguntes, Aracne. Tu trabajo es formidable..., ¡muy superior al mío! Y te felicito por ello: ¡me has vencido! Ahora bien, no puedo consentir que emplees tu talento en insultar a los dioses.

Y tomando una soga, se la echó al cuello, pasó el otro extremo por encima de una viga y la suspendió en el aire con la intención de ahorcarla.

—Siempre cumplo lo que prometo, Aracne. Aquí me tienes, a tus pies.

Todos los presentes empezaron a gritar al ver que el cuerpo de la joven se balanceaba suspendido sobre el suelo, pero nadie se atrevió a intervenir. Atenea reflexionó un momento.

—La soberbia te ha cegado y mereces un castigo, pero no será la muerte. Permitiré que vivas, Aracne, pero permanecerás colgada y seguirás tejiendo telas toda tu vida... y lo mismo les ocurrirá a tus descendientes.

Entonces, el cuerpo de la joven comenzó a menguar, sus brazos y sus piernas crecieron y se doblaron, su boca, con la que había ofendido a los dioses, desapareció. Se transformó en un pequeño insecto pendiente de un sutil hilo de seda que le salía del vientre.

—Ahí tenéis a Aracne, la primera araña —dijo Atenea, antes de regresar al Olimpo.

33. LAS CONSTELACIONES

¿Qué tal, chicos? Llegamos al final de nuestro recorrido y conviene que nos despidamos. Ha sido un placer ser vuestro guía en el mundo de los mitos. Juntos hemos vivido momentos muy intensos que voy a recordar con mucho cariño. ¿Quién sabe? A lo mejor volvemos a vernos. Hasta entonces os encomiendo a la protección del dios Jano. ¿Sabéis que tiene dos caras? Una mira hacia delante, y la otra, hacia atrás, por eso es capaz de ver simultáneamente el pasado y el futuro, lo que finaliza y lo que comienza. Le he pedido que cuide de vosotros y él me ha guiñado el ojo derecho de la cara derecha; eso quiere decir que lo hará. Para que no os olvidéis de mí he pensado que antes de separarnos debería explicaros cuál es el origen de las constelaciones que se distinguen en el cielo de la noche. Así, cuando miréis las estrellas, igual os acordáis de mí. No quiero ponerme ñoño, pero ya sabéis, ¡soy un sentimental!

A lo largo de la historia, la humanidad ha organizado la bóveda celeste agrupando las estrellas en conjuntos a los que llamamos constelaciones. Muchas tienen su propio mito. Mirad ahí arriba. ¿Veis ese grupo de siete que brillan allí? Forman la constelación de la Osa Mayor, seguramente la más popular de todas. Junto a ella, en posición inversa, está la Osa Menor. Resulta que Zeus puso sus ojos en una ninfa llamada Calisto, que solía cazar en los bosques de Arcadia. Su esposa Hera, que estaba celosísima, decidió acabar con su rival convirtiéndola en osa y condenándola a vagar por aquel paraje el resto de sus días. Calisto tenía un hijo, Árcade. Una tarde se encontró con la osa, ignorando que era su madre. Esta, al ver al joven, salió corriendo a abrazarlo, pero él, interpretándolo como un ataque, tomó su arco, apuntó al corazón y disparó. De no ser por Zeus, que agarró la flecha al vuelo, la habría matado. Para impedir que sucediera de nuevo, Zeus convirtió en oso a Árcade y, como no quería que los animales se arañasen con sus garras, los colocó en el cielo, unidos por la cola.

Justo al lado podéis localizar la constelación de Orión. Fue un cazador que desafió y venció a la diosa Artemisa, y ella, que es todo un carácter, le envió un escorpión que lo mató con su picadura. Ahora ambos se encuentran en el firmamento, fijaos bien: esas estrellas tan brillantes son el cazador, que tiene a sus pies dos perros, el Can Mayor y el Can Menor, y es perseguido por Escorpión, del que huye eternamente.

Un poco más allá encontraréis a Andrómeda, Perseo y Cefeo, el monstruo al que venció el héroe a lomos de Pegaso. ¿Os acordáis de su historia? Los cuatro ocupan el mismo espacio en la bóveda celeste. Y muy cerquita tenéis a Casiopea, la madre de la joven, a la que Poseidón castigó por creerse más bella que las nereidas, las ninfas del mar, condenándola a permanecer en medio del cielo atada a una silla que, para colmo de males, se pasa la mitad del tiempo boca abajo.

Perseo no es el único héroe que ascendió al firmamento. Entre la Osa Mayor y la Osa Menor nace la cola de Ladón, el dragón que guardaba las manzanas del jardín de las Hespérides, y justo encima de él veréis a Hércules, el cual sostiene un arco con el que dispara hacia la constelación del Águila, un ave que simboliza al propio Zeus, lo mismo que el Cisne, que se encuentra un poco más allá, desplegando sus alas en forma de cruz. Nunca he comprendido por qué le preocupan tanto esas aves; yo de él, vigilaría mi espalda, donde acechan la hidra y el león de Nemea, transformado en Leo. Tal vez lo que atrae su atención sea el sonido de la Lira de Orfeo, que brilla justo a sus pies. ¿Tan imposible sería?

GLOSARIO

ABOGAR: Interceder, hablar en favor de alguien o de algo.

ABREVAR: Dar de beber, principalmente al ganado.

ABSTRAER: Concentrarse en los propios pensamientos apartando los sentidos o la mente de la realidad inmediata.

AGRACIADO, DA: Bien parecido, guapo, atractivo.

AGRESTE: Áspero, inculto o lleno de maleza. Rudo, tosco, grosero, falto de urbanidad.

ALIMAÑA: Animal dañino para el ganado o para la caza menor.

ALMENA: Cada uno de los prismas que coronan los muros de las antiguas fortalezas para resguardarse en ellas los defensores.

ALTIVO, VA: Orgulloso, soberbio.

AMBIGUO: Que puede entenderse de varios modos o admitir distintas interpretaciones y dar, por consiguiente, motivo a dudas, incertidumbre o confusión.

AMBROSÍA: Manjar o alimento de los dioses.

AMPARAR: Favorecer, proteger, ocultar.

ANEGAR: Inundar, llenar o cubrir de agua.

APABULLANTE: Abrumador, arrollador.

APACENTAR: Dar pasto a los ganados.

APACIGUAR: Poner en paz, sosegar, aquietar.

APOSENTO: Habitación, hospedaje.

APRISIONAR: Encerrar.

ARCA: Especie de nave o embarcación.

ARGUCIA: Argumento falso presentado con si fuera verdadero, medio con el que engañar a alguien.

ARISCO: Dicho de una persona o de un animal: áspero, intratable.

ARMADOR: Persona que arma o dota un barco para su explotación comercial.

ARMAR: Proporcionar a alguien armas. Sentar, fundar algo sobre otra cosa. Proveer a una embarcación de todo lo necesario para realizar su cometido. Preparar, disponer, llevar a cabo algo.

ARREMOLINAR(SE): Dicho de la gente, de las aguas, del polvo, etc.: Amontonarse o apiñarse desordenadamente.

ARRIAR: Bajar las velas, las banderas, etc., que están en lo alto.

ARRIBAR: Dicho de una nave: llegar a un puerto.

ARROJO: Valor, osadía, intrepidez.

ARTÍFICE: Persona que ejecuta una obra con habilidad o destreza. Autor. Artista.

ASEDIAR: Cercar un lugar fortificado, para impedir que salgan quienes están en él o que reciban socorro de fuera.

ASENTAR(SE): Poner o colocar algo de modo que permanezca firme. Establecerse en un pueblo o lugar.

ASOLAR: Destruir, arruinar, arrasar.

ASTILLERO: Establecimiento donde se construyen y reparan buques.

ATÓNITO: Pasmado o espantado de un objeto o suceso raro.

ATRIBUCIÓN: Cada una de las facultades o poderes que corresponden a una persona u organización.

AUGURIO: Presagio, anuncio, indicio de algo futuro.

AVE DE RAPIÑA: Ave carnívora que tiene pico y uñas muy robustos, encorvados y puntiagudos; p. ej., el águila y el buitre.

AVENTAJAR: Adelantar, poner en mejor estado, conceder alguna ventaja o preeminencia. Llevar o sacar ventaja, superar o exceder a alguien en algo.

BÁLSAMO: Sustancia aromática, líquida y casi transparente en el momento en que por incisión se obtiene de ciertos árboles, pero que va espesándose y tomando color a medida que, por la acción atmosférica, los aceites esenciales que contiene se transforman en resina y en ácido benzoico y cinámico. Consuelo, alivio.

BELICOSO: Agresivo, pendenciero, inclinado a la guerra.

BIENAVENTURADO: Afortunado.

BIENAVENTURANZA: Prosperidad o felicidad humana.

CABER: Poder contenerse dentro de algo. Ser posible o natural.

CAN: Perro.

CARCAJ: Caja portátil para flechas, abierta por arriba y con una cuerda o correa con que se colgaba del hombro.

CATACLISMO: Gran catástrofe producida por un fenómeno natural.

CERCENAR: Cortar las extremidades de algo.

CERTAMEN: Desafío, duelo, justa o torneo.

CÍMBALO: Instrumento musical muy parecido o casi idéntico a los platillos, que usaban los griegos y romanos en algunas de sus ceremonias religiosas.

CINCEL: Herramienta de 20 a 30 cm de largo, con boca acerada y recta de doble bisel, que sirve para labrar a golpe de martillo piedras y metales.

COLOSO: Estatua de proporciones gigantescas. Persona o cosa que sobresale por sus cualidades grandiosas o excepcionales.

COMPULSIVO: Que tiene impulsos irresistibles.

CONCÉNTRICO: Dicho de una figura o de un cuerpo: Que tiene el mismo centro que otro.

CONFORMAR: Dar forma a algo o a alguien. Constituir.

CONGREGAR: Reunir personas.

CONTIGUO: Que está tocando a otra cosa.

CONTRARIAR: Disgustar, enfadar a alguien.

COPIOSO: Abundante, numeroso, cuantioso.

CORDAJE: Conjunto de cabos y cables que forman parte del aparejo de un buque de vela.

CORVO: Arqueado o combado.

DADOR: Que da o dona algo. Portador de un bien.

DECADENCIA: Acción o resultado de la acción de ir a menos, perder alguna parte de las condiciones o propiedades que constituían su fuerza, bondad, importancia o valor.

DEPORTAR: Desterrar a alguien a un lugar, por lo regular extranjero, y confinarlo allí por razones políticas o como castigo.

DESMESURADO: Excesivo, mayor de lo común.

DESOLLAR: Quitar la piel del cuerpo o de alguno de sus miembros.

DESPOJO: Sobras o residuos.

DESPRENDIDO: Desinteresado, generoso.

DESPUNTAR: Dicho especialmente de la aurora, del alba o del día: Empezar a manifestarse al amanecer.

DIEZMAR: Dicho de una enfermedad, de una guerra, del hambre o de cualquier otra calamidad: Causar gran mortandad en un país.

DIQUE: Muro o construcción para contener las aguas.

DISPONER: Colocar, poner algo en orden y situación conveniente. Deliberar, determinar, mandar lo que ha de hacerse.

EBANISTA: Persona que tiene por oficio trabajar maderas finas.

ELOCUENCIA: Facultad de hablar o escribir de modo eficaz para deleitar, conmover o persuadir.

EMBAJADA: Mensaje para tratar algún asunto de importancia, especialmente el enviado por un jefe de Estado a otro por medio de su embajador. Comisión que porta dicho mensaje.

EMBARRANCAR: Dicho de un buque: Varar con violencia encallando en el fondo. Quedar parado o detenido al chocar con la costa, con peñas o con un banco de arena.

EMBOZAR: Cubrir el rostro por la parte inferior hasta las narices o los ojos.

EMBRIAGAR: Atontar, perturbar o adormecer a alguien. Exaltar el ánimo.

EMERGER: Brotar, salir a la superficie del agua u otro líquido.

ENCALLAR: Dicho de una embarcación: Dar en arena o piedra y quedar en ellas sin movimiento.

ENCARAMAR: Levantar o subir a alguien o algo a lugar dificultoso de alcanzar.

ENCRUCIJADA: Lugar en donde se cruzan dos o más calles o caminos.

ENSALZAR: Engrandecer, alabar.

ENSUEÑO: Sueño o representación fantástica de quien duerme.

ENTERNECER: Mover a ternura, por compasión u otro motivo.

ENTRAÑABLE: Íntimo, muy afectuoso.

ENTREVER: Ver confusamente algo.

ENVALENTONAR(SE): Infundir valentía o arrogancia. Dárselas de valiente.

EROSIONAR: Producir desgaste en la superficie de un cuerpo por la fricción continua o violenta de otro.

ESCARLATA: Rojo intenso.

ESCARPADO: Dicho de una altura: Que no tiene subida ni bajada transitable o la tiene muy áspera y peligrosa. Irregular.

ESCUADRA: Cuadrilla que se forma de algún concurso de gente. Conjunto numeroso de buques de guerra reunido para ciertas operaciones tácticas. Unidad menor en las fuerzas militares, constituida por un corto número de soldados.

ESLORA: Longitud que tiene la nave sobre la primera o principal cubierta desde el codaste a la roda por la parte de adentro.

ESQUIRLA: Astilla desprendida de una piedra, de un cristal.

ESTELA: Señal o rastro de espuma y agua removida que deja tras sí una embarcación u otro cuerpo en movimiento. Rastro que deja en el aire un cuerpo en movimiento.

ESTÉRIL: Que no da fruto, o no produce nada.

ESTRAGO: Ruina, daño, asolamiento.

ESTRATEGA: Experto en el arte de dirigir las operaciones militares.

EXALTAR: Elevar a alguien o algo a gran auge o dignidad. Realzar el mérito o circunstancias de alguien.

ÉXTASIS: Estado placentero de exaltación emocional y admirativa.

FASTUOSO: Lujoso, magnífico, digno de verse.

FAZ: Rostro o cara. Superficie, vista o lado de una cosa.

FLANCO: Cada una de las dos partes laterales de un cuerpo considerado de frente. Costado.

FRAGOROSO: Fragoso, estruendoso, estrepitoso.

FRANCO: Sincero y leal en su trato.

FRENESÍ: Delirio furioso. Violenta exaltación y perturbación del ánimo.

FULGOR: Resplandor y brillantez.

GARANTE: Que asegura y protege contra algún riesgo o necesidad. Que da seguridad o certeza sobre algo.

GARGANTA: Estrechura de montes, ríos u otros parajes.

GÉLIDO: Muy frío.

GRACIA: Cualidad o conjunto de cualidades que hacen agradable a la persona o cosa que las tiene. Don o favor que se hace sin merecimiento particular; concesión gratuita. Habilidad y soltura en la ejecución de algo.

GRUPA: Ancas de una caballería.

GRUTA: Caverna natural o artificial.

GUERRA CIVIL: Guerra que tienen entre sí los habitantes de un mismo pueblo o nación.

HAMBRUNA: Escasez generalizada de alimentos.

HARAPO: Pedazo o jirón de tela.

HASTÍO: Disgusto, aburrimiento.

HELÉNICO: Perteneciente o relativo a Grecia o a los griegos.

HENCHIR: Llenar un espacio o un recipiente hasta su límite.

HILANDERA: Persona que tiene por oficio elaborar hilo a partir de lino, cáñamo, lana, seda, algodón.

HIRSUTO: Dicho del pelo: Disperso y duro.

HOLLÍN: Sustancia crasa y negra que el humo deposita en la superficie de los cuerpos.

HONDERO: Soldado armado con una honda, una tira de cuero o trenza de lana, cáñamo, esparto u otra materia semejante, que se usa para tirar piedras con violencia.

HONRAS FÚNEBRES: Oficio solemne que se celebra por los difuntos.

HUESTE: Ejército en campaña.

IMPERAR: Predominar algo en un lugar o en una época.

ÍMPETU: Impulso. Movimiento acelerado y violento.

IMPLORAR: Pedir con ruegos o lágrimas algo.

INCAUTO: Que no tiene cautela. Ingenuo, cándido, que no tiene malicia.

INFORTUNADO: Desgraciado.

INFRAMUNDO: Mundo de los muertos y de los espíritus.

INHÓSPITO: Dicho especialmente de un lugar: Poco acogedor.

INIQUIDAD: Maldad, injusticia grande.

INMEMORIAL: Tan antiguo que no hay memoria de cuándo empezó.

INMINENTE: Que amenaza o está para suceder prontamente.

INMORTAL: Que no puede morir. Se dice por antonomasia de los dioses frente a los hombres.

INSEPULTO: Dicho de un cadáver: No sepultado aún.

INSTIGAR: Inducir a alguien a una acción, generalmente considerada como negativa.

INSUFLAR: Infundir a alguien algo inmaterial, como un sentimiento, una idea, espíritu o fuerza vital.

IRONÍA: Burla fina y disimulada. Expresión que da a entender algo contrario o diferente de lo que se dice, generalmente como burla disimulada.

IRRADIAR: Dicho de un cuerpo: Despedir rayos de luz, calor u otra energía. Transmitir, propagar, difundir.

IRREVOCABLE: Que no se puede revocar o anular.

JÚBILO: Viva alegría, y especialmente la que se manifiesta con signos exteriores.

LIBACIÓN: Entre los antiguos paganos, ceremonia religiosa que consistía en derramar vino u otro licor en honor de los dioses.

LIBAR: Dicho especialmente de las abejas: Sorber suavemente el jugo de las flores.

LIMO: Lodo, cieno.

LINAJE: Ascendencia o descendencia de una familia, especialmente noble.

LIRA: Instrumento musical usado por los antiguos, compuesto de varias cuerdas tensas en un marco, que se pulsaban con ambas manos.

LODAZAL: Sitio lleno de lodo.

MANGA: Anchura mayor de un buque.

MAROMA: Cuerda gruesa de esparto, cáñamo u otras fibras vegetales o sintéticas.

MASCARÓN DE PROA: Figura colocada como adorno en lo alto del tajamar de los barcos.

MELLAR: Provocar una rotura o hendidura en el filo de un arma o herramienta, o en el borde o en cualquier ángulo saliente de otro objeto, por un golpe o por otra causa.

MERCANTE: Navío o flota que sirve para conducir mercancías o pasajeros de unos puertos a otros.

METALURGIA: Ciencia y técnica que trata de los metales y de sus aleaciones.

MIMO: Cariño, halago o demostración de ternura. Cuidado, delicadeza con que se hace algo.

MIRRA: Gomorresina en forma de lágrimas, amarga, aromática, roja, semitransparente, frágil y brillante en su estructura. Proviene de un árbol de la familia de las burseráceas que crece en Arabia y Etiopía.

MOLE: Cosa muy pesada y voluminosa.

MOTIVO MUSICAL: Melodía característica que se repite a lo largo de una pieza.

NARCÓTICO: Dicho de una sustancia: Que produce sopor, relajación muscular y embotamiento de la sensibilidad.

NÉCTAR: Licor deliciosamente suave y gustoso que estaba destinado al uso de los dioses.

ÑOÑO: Dicho de una persona: Sumamente apocada y de corto ingenio, cursi, sentimental.

OBELISCO: Pilar muy alto, de cuatro caras iguales un poco convergentes y terminado por una punta piramidal muy achatada, que sirve de adorno en lugares públicos.

ÓBOLO: Pequeña cantidad con la que se contribuye para un fin determinado. Moneda de plata de la antigua Grecia, que era la sexta parte de la dracma.

OLLAR: Cada uno de los dos orificios de la nariz de las caballerías.

OMNISCIENCIA: Conocimiento de todas las cosas reales y posibles.

ORÁCULO: Especialmente en la Antigüedad grecorromana, respuesta que una deidad daba a una consulta, a través de un intermediario y en un lugar sagrado. Pronóstico o predicción.

ORBE: Esfera celeste o terrestre. Mundo.

ORFEBRE: Persona que labra objetos artísticos de oro, plata y otros metales preciosos, o aleaciones de ellos.

OVACIONAR: Aclamar, aplaudir, tributar una ovación.

PANTEÓN: Conjunto de las divinidades de una religión o de un pueblo.

PAVESA: Parte ligera que salta de una materia inflamada y acaba por convertirse en ceniza.

PERICIA: Sabiduría, práctica, experiencia y habilidad en una ciencia o arte.

PETRIFICAR: Transformar o convertir algo en piedra. Dejar a alguien inmóvil de asombro o de terror.

PEZ: Sustancia resinosa, lustrosa, quebradiza y de color pardo amarillento, que se obtiene de la trementina y que, mezclada con estopa y otros materiales, sirve para calafatear embarcaciones de madera.

PINACOTECA: Galería o museo de pinturas.

PIRA: Hoguera en que antiguamente se quemaban los cuerpos de los difuntos y las víctimas de los sacrificios.

PLUMÓN: Pluma muy delgada, semejante a la seda, que tienen las aves debajo del plumaje exterior.

POLIFACÉTICO: Dicho de una persona: De variada condición o de múltiples talentos.

POPA: Parte posterior de una embarcación.

PORVENIR: Futuro.

POSTRAR: Arrodillarse o ponerse a los pies de alguien, humillándose o en señal de respeto, veneración o ruego. Rendir, humillar o derribar algo.

PREDILECCIÓN: Cariño especial con que se distingue a alguien o algo entre otros.

PRENDARSE: Aficionarse, enamorarse de alguien o algo.

PRESCRIBIR: Preceptuar, ordenar, determinar algo

PRESUNTUOSO: Que presume, soberbio, orgulloso.

PROA: Parte anterior de una embarcación.

PROFERIR: Pronunciar, decir, articular palabras o sonidos.

PÚRPURA: Dicho de un color: Rojo oscuro que tira a violeta. Tinte que se emplea para conseguir dicho color.

RAPAZ: Dicho de un ave: De presa.

RAPTOR: Que rapta o roba.

RATIFICAR: Aprobar o confirmar actos, palabras o escritos dándolos por valederos y ciertos.

RAYAR: Dicho de una cosa: Limitar con otra.

RECALAR: Dicho de un buque: Llegar, después de una navegación, a la vista de un punto de la costa, como fin de viaje o para, después de reconocido, continuar su navegación.

REDOMADO: Que tiene en alto grado la cualidad negativa que se le atribuye.

REMANSAR: Hacer que algo se apacigüe o aquiete.

REMONTARSE: Subir una pendiente, sobrepasarla. Elevar, encumbrar, sublimar. Retroceder hasta una época pasada.

RENQUEAR: Andar o moverse como renco, oscilando a un lado y a otro a trompicones.

REPRESALIA: Respuesta de castigo o venganza por alguna agresión u ofensa.

RESTALLAR: Dicho de una cosa, como la honda o el látigo cuando se manejan o sacuden en el aire con violencia: Chasquear, estallar.

REZAGADO: Que queda atrás o se retrasa.

Rubor: Sonrojo. Enrojecimiento del rostro provocado por la vergüenza.

Sagaz: Astuto y prudente, que prevé y previene las cosas.

Sede: Lugar donde tiene su domicilio una entidad económica, literaria, deportiva, etc.

Sitiar: Cercar un lugar, especialmente una fortaleza para intentar apoderarse de ella.

Sobrecogedor: Que causa impresión o susto a alguien.

Solemne: Celebrado o hecho públicamente con pompa o ceremonias extraordinarias. Formal, grave, firme, válido, acompañado de circunstancias importantes o de todos los requisitos necesarios.

Sublime: Excelso, eminente, de elevación extraordinaria. Dotado de extremada nobleza, elegancia y gravedad.

Sucederse: Ir detrás de alguien o de algo, seguirlo en el tiempo o en el espacio.

Suplicio: Muerte o daño corporal grave que se causan a alguien como castigo. Dolor físico o moral intenso.

Suspenso: Admirado, perplejo.

Sustento: Mantenimiento, alimento.

Tapiz: Paño grande, tejido con lana o seda, y algunas veces con oro y plata, en el que se copian cuadros y sirve de paramento.

Tapizar: Cubrir o revestir una superficie con algo. Forrar con telas las paredes, sillas, sillones.

Tea: Astilla o raja de madera muy impregnada en resina, que, encendida, alumbra como un hacha.

Tender: Alargar algo aproximándolo hacia alguien o hacia otra cosa con la intención de entregarlo o depositarlo.

Tesón: Decisión y perseverancia que se ponen en la ejecución de algo.

Tintorero: Persona que tiene por oficio teñir o dar tintes.

TIRANÍA: Abuso o imposición en grado extraordinario de cualquier poder, fuerza o superioridad.

TORRENCIAL: Que crea una corriente o avenida impetuosa de aguas en tiempos de muchas lluvias o de rápidos deshielos.

TRANCE: Estado en que un médium manifiesta fenómenos paranormales.

TRIBUTO: Carga, obligación, cantidad en dinero o en especie que un señor impone a quien está sometido a él. Aquello que se tributa.

TROMBA: Irrupción tumultuosa de personas.

TROPELÍA: Atropello o acto violento, cometido generalmente por quien abusa de su poder.

TÚMULO: Confusión agitada o desorden ruidoso. Motín, confusión, alboroto producido por una multitud.

TURBACIÓN: Confusión, desorden, desconcierto, trastorno.

UMBRAL: Parte inferior o escalón, por lo común de piedra y contrapuesto al dintel, en la puerta o entrada de una casa. Paso primero y principal o entrada de cualquier cosa.

UNCIR: Atar o sujetar al yugo bueyes, mulas u otras bestias.

UNGÜENTO: Todo aquello que sirve para ungir o untar. Medicamento que se aplica al exterior, compuesto de diversas sustancias, entre las cuales figuran la cera amarilla, el aceite de oliva y el sebo de carnero.

UNÍSONO: Que tiene el mismo tono o sonido que otra cosa. Sin discrepancia, con unanimidad.

URDIR: Tramar. Maquinar y disponer cautelosamente algo contra alguien, o para la consecución de algún designio.

VENERAR: Respetar en sumo grado a alguien por su santidad, dignidad o grandes virtudes, o a algo por lo que representa o recuerda.

VENTUROSO: Que tiene buena suerte. Que implica o trae felicidad.

Vergel: Huerto con variedad de flores y árboles frutales.

Vertiginoso: Se dice del apresuramiento anormal de la actividad de una persona o colectividad.

Vislumbrar: Ver un objeto tenue o confusamente por la distancia o falta de luz.

Zarpar: Dicho de un barco o de un conjunto de ellos: Salir del lugar en que estaban fondeados o atracados.

Zozobrar: Dicho de una embarcación: Peligrar por la fuerza y contraste de los vientos.

Zurrón: Bolsa de cuero.

LOCALIZACIÓN DE LOS MITOS
Y LEYENDAS DE LA ANTIGUA GRECIA

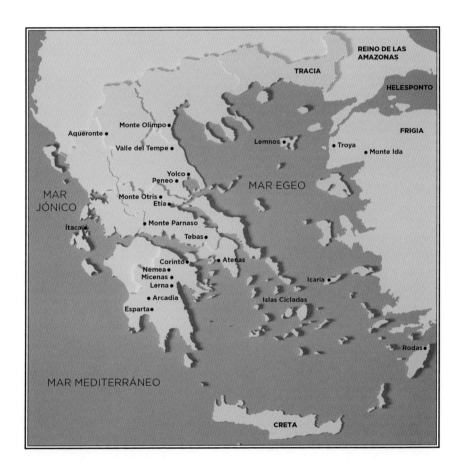

CUADERNO DOCUMENTAL
CUÉNTAME UN MITO

Lawrence Alma Tadema,
Safo y Alcaeus (1881)

¿Qué es un mito?

Los mitos son **relatos fabulosos** que pretenden **explicar el mundo**, el **origen del ser humano**, la **naturaleza de los dioses** y las gestas de los **grandes héroes**.

TIPOS DE MITOS

De acuerdo con su contenido, los mitos pueden clasificarse en varias categorías:

- **Cosmogonías**: Relatan el origen del universo y de sus criaturas.

- **Teogonías**: Explican la existencia de los dioses desde la eternidad, a partir de la creación del mundo o a raíz de la victoria sobre otros seres.

- **Morales**: Reflexionan sobre el bien y el mal.

- **Heroicos**: Cuentan las aventuras de personajes famosos por sus hazañas o sus virtudes.

- **Etiológicos**: Buscan las causas de un fenómeno, explican una costumbre o justifican una institución.

- **Fundacionales**: Tienen que ver con la creación de ciudades o imperios.

- **Escatológicos**: Vaticinan el fin de una civilización, del mundo o de la humanidad.

CARACTERÍSTICAS DE LOS MITOS

- Se desarrollan en una **época remota**, anterior al mundo actual.

- Están relacionados con la **cultura de un determinado pueblo**, que refleja en ellos su **sentido de la realidad** y sus **valores**.

- Los **dioses** desempeñan un papel esencial. A diferencia de los humanos, son **inmortales** y tienen **poderes extraordinarios** (controlan las fuerzas de la naturaleza, se transforman, predicen el futuro), pero experimentan los mismos **sentimientos** (aman, envidian) y actúan por las mismas motivaciones que estos (luchan por el poder, se dejan llevar por la pasión, conciben hijos). Hay dioses del cielo, del fuego, del mar, del amor, de la guerra o de la sabiduría y cada uno tiene un **atributo** que lo distingue.

- Los **héroes**, humanos o semidioses, cumplen un **destino** que les lleva a enfrentarse a pruebas que superan con la ayuda de la divinidad o de seres sobrenaturales o, por el contrario, enfrentándose a ellos.

- Suelen estar relacionados con **ritos** (nacimiento, matrimonio, de iniciación, funerarios) o con algún tipo de **culto religioso**.

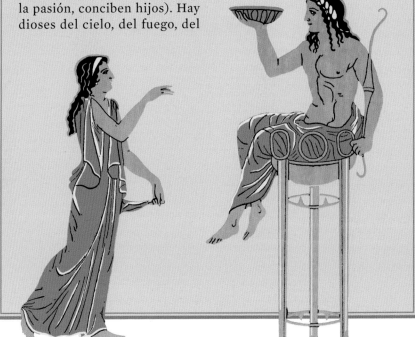

LAS LEYENDAS:
entre la fantasía y la realidad

Las **leyendas** son relatos que forman parte del **folclore de un pueblo**, se transmiten oralmente de generación en generación y en un momento determinado pasan a la lengua escrita. Como están protagonizadas por **personajes concretos** cuyas aventuras se desarrollan en una **época determinada** y en **lugares reconocibles**, tienen cierta verosimilitud, pero incorporan **elementos ficticios** y **maravillosos** que las sitúan claramente en el terreno de lo literario.

A la **leyenda** le corresponde el **misterio**. Es una **búsqueda** que se emprende con la **esperanza de revelar un secreto** que nos permita **explicar el mundo**, entender nuestro pasado o **descubrir nuestra identidad**. Generalmente, el **protagonista pasa por múltiples pruebas** en las cuales irá encontrando **aliados**, **amuletos** o **seres maravillosos** que le ayudarán a conseguir su propósito –como metáfora de las cosas y las personas positivas que se cruzan en la vida de la gente– y también **trampas** y **seres malvados** que tratarán de que no lo logre.

Pandora abre la caja.

CLASES DE LEYENDAS

De acuerdo con su contenido, las leyendas pueden clasificarse en varias categorías:

Sobre héroes y sus hazañas
Se trata de leyendas relacionadas con la historia, cuyos protagonistas encarnan las virtudes e ideales de su pueblo.

Sobre el amor (y el desamor)
Cuentan las dificultades a las que se enfrentan los enamorados para hacer realidad sus deseos.

Sobre el engaño y la traición
Son una forma de enfrentarse al misterio del mal como negación de la justicia y de la verdad.

Sobre lugares y parajes
Son historias relacionadas con un espacio memorable por su carácter o por los hechos que tuvieron lugar en él.

Sobre seres fantásticos o sobrenaturales
Relatos sobre animales monstruosos, seres fantasmales, espíritus bondadosos o malignos. En esta categoría se encuadran también las leyendas religiosas y piadosas.

Sobre aventuras y tesoros escondidos
Son muchas las historias que inflamaron la imaginación de los navegantes y exploradores de las islas: talismanes, paraísos, mundos de ensueño.

Lawrence Alma Tadema, *Una lectura de Homero* (1885)

¿QUIÉN CUENTA LOS MITOS?: EL PAPEL DE LA TRADICIÓN

De algún modo es la **comunidad entera** quien **guarda memoria de estos relatos y los transmite**. En las **familias**, los más viejos se los cuentan a los más jóvenes como parte de su **educación**, se celebran mediante **rituales** que se nutren de su **sabiduría ancestral** y se encuentran incluso en la base de las **instituciones** que recurren a ellos para explicar los **fundamentos de la vida social** o **política**. Esto explica que existan diferentes versiones del mismo relato, ya que **cada comunidad** y **cada época** los ha reelaborado destacando o desarrollando los aspectos que le parecían más interesantes.

LOS DIOSES OLÍMPICOS

Los **dioses clásicos**, a los que rendían culto los griegos y que más tarde fueron adoptados por los romanos, formaban una **familia** en la que **cada miembro** tenía una **función** y unos **símbolos** que lo identificaban y ocupaba un lugar de acuerdo con una **jerarquía** dividida en **órdenes**:

LOS SOBERANOS

La mayoría de los pueblos europeos rendían culto al **dios del cielo**, que solía reinar junto a una **diosa de la tierra**, que simbolizaba la **fertilidad**, formando una **pareja** de la que **descendían** el resto de los **dioses**, los **héroes** y los **humanos**. En el caso de los griegos, este dios era Zeus, Júpiter para los romanos, y su esposa se llamaba Hera, a la que los latinos conocían como Juno.

Zeus – Júpiter
Dios de los cielos
Águila y rayo

Hera – Juno
Diosa del matrimonio y la familia
Pavo real

Las nueve musas

Las musas eran **divinidades** que habitaban el **monte Parnaso** y protegían las **ciencias** y las **artes**, especialmente la poesía.

Eran **Calíope**, musa de la épica; **Clío**, musa de la historia; **Erató**, musa de la lírica; **Euterpe**, musa de la música; **Melpómene**, musa de la tragedia; **Polimnia**, musa de la poesía sacra; **Talía**, musa de la comedia; **Terpsícore**, musa de la danza; **Urania**, musa de la astronomía y las ciencias exactas.

LOS SEÑORES Y LOS GUERREROS

Por debajo de los dioses soberanos, que regían los cielos y la tierra, se encontraban los **señores de los mares** y de los **abismos**, y los **dioses guerreros**. Según la tradición, los dioses vivían junto a **Zeus**, en el **monte Olimpo**. Solo **Poseidón** y **Hades**, señores de sus propios dominios, **habitaban cada cual en su reino**.

Poseidón – Neptuno	**Hades – Plutón**	**Ares – Marte**
Señor de los mares	Señor del inframundo	Dios de la guerra
Tridente	*Cerbero*	*Casco y lanza*

LAS DIVINIDADES SACERDOTALES

Eran los **custodios de los misterios sagrados**, cuya verdad **revelaban** únicamente a **sus fieles**.

Apolo – Febo
Dios de las artes y las letras
Arco y lira

Afrodita – Venus
Diosa del amor y la belleza
Paloma

Atenea – Minerva
Diosa de la sabiduría
Lechuza y olivo

Dioniso – Baco
Dios del vino y la fiesta
Hojas de parra y uvas

LOS PROTECTORES DE LA AGRICULTURA, LA INDUSTRIA, EL COMERCIO Y EL HOGAR

Por último, existían otros dioses que promovían distintas **profesiones** o cuidaban del **hogar**.

Deméter – Ceres
Diosa de la agricultura
Gavilla de trigo y hoz

Artemisa – Diana
Diosa de la caza
Ciervo

Hefesto – Vulcano
Dios del fuego y la industria
Martillo y yunque

Hermes – Mercurio
Dios del comercio
Alas y caduceo

Hestia – Vesta
Diosa del hogar
Fuego sagrado

Monstruos y criaturas fabulosas de la Antigüedad

La mitología es rica en monstruos y criaturas fabulosas producto de los **sueños**, **deseos** y **miedos** del ser humano. Durante siglos se les atribuyó una existencia real; de hecho, los **bestiarios**, tratados que estudian y catalogan los seres fantásticos, fueron obras muy populares tanto en época clásica como durante la Edad Media.

Con carácter general, estas figuras presentan los siguientes rasgos:

- Suelen descender de la **estirpe de los dioses**, pero, a diferencia de ellos, encarnan la **maldad** (por supuesto, hay excepciones).

- Se describen como **seres híbridos** que reúnen atributos de varios animales o **mezclan lo humano y lo animal**, lo que suele otorgarles un aspecto **aberrante**, **repulsivo** y **amenazador**.

- Poseen una **constitución anormal** (tamaño, proporciones, miembros) y **facultades sobrenaturales** (fuerza, agilidad, la capacidad de volar, de producir venenos especialmente mortíferos) o **mágicas** (poder de paralizar, transformar o seducir).

- En los mitos ejercen la función de **antagonistas del héroe**, como representantes de la **opresión**, la **tiranía** o la **fuerza destructiva de la naturaleza**.

- Suelen encontrarse en posesión de grandes **riquezas** o ser custodios de objetos de gran valor.

- Al morir, sus restos pueden convertirse en un **talismán** que proporciona **salud**, **suerte** u otro tipo de **beneficio** a la persona que lo porta.

¡NO TODOS SON TAN MALOS!

También existen seres mitológicos de naturaleza bondadosa como **Pegaso**, el caballo alado que ayudó a héroes como Perseo o Belerofonte a enfrentarse a sus enemigos, o los **centauros**, criaturas con cabeza, brazos y torso humano, y cuerpo y patas de un caballo, en general seres salvajes, sin leyes ni hospitalidad, sometidos a las pasiones, aunque entre ellos destacan algunos, como el célebre **Quirón**, que, inteligente y sabio, excelente médico, educó a algunos de los héroes más destacados de la Antigüedad.

UN BESTIARIO MITOLÓGICO

1. Los cíclopes
Gigantes de un solo ojo que destacan por su espíritu soberbio y su inclinación a la violencia.

2. Medusa
Atenea la convirtió en un monstruo que en lugar de cabellos tenía serpientes.

3. El Minotauro
Tenía cuerpo de hombre, cabeza de toro y se alimentaba de carne humana.

4. La Esfinge de Tebas
Monstruo con cuerpo de león, alas de águila y rostro humano que devoraba a todo aquel que no resolviera sus acertijos.

5. Cerbero
Perro gigante con tres cabezas y cola de serpiente que custodia la entrada al reino de los muertos.

6. La hidra
Monstruo acuático con aliento venenoso y numerosas cabezas; cuando se le corta una de ellas, surge otra.

7. Los grifos
Tienen cabeza, alas y garras de águila, y cuerpo, orejas y cola de león. Custodian el oro de las montañas.

8. Las sirenas
Con torso de mujer y cuerpo de pájaro, seducían a los navegantes con sus hermosos cantos.

9. Los dragones
Cuerpo de serpiente, garras y alas. Suelen tener poderes mágicos, unos escupen fuego, otros lanzan agua o poderosos venenos.

10. Escila y Caribdis
Escila está formado por seis fieras y Caribdis es un remolino capaz de tragarse un barco.

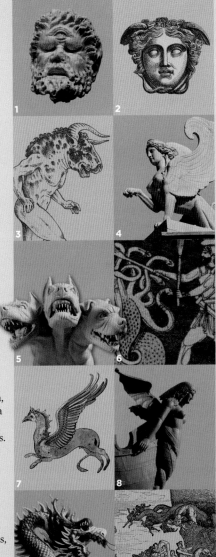

La influencia de la mitología sobre el arte

LA EDAD MEDIA (476-1453)

El mito se constituye como argumento de una obra literaria donde abundan los relatos inspirados en el ciclo troyano (Aquiles, Ulises, Eneas) y el ciclo tebano (Edipo), primero con un enfoque épico y, más tarde, con uno caballeresco.

EL RENACIMIENTO (1453-1600)

Los artistas reflejan una naturaleza idealizada, según el tópico del *locus amoenus*, propicia para el idilio sentimental (Venus, Paris, Eros, Eneas, Adonis, las Gracias) o la expresión del dolor por el amor desgraciado (Orfeo y Eurídice, Apolo y Dafne, Píramo y Tisbe).

Merece la pena destacar *La divina comedia* de Dante, que cuenta el viaje que hace el propio autor a través del Infierno, el Purgatorio y el Cielo, guiado por Virgilio, el gran poeta latino, y en el encuentra a Helena, Paris, Ulises, Aquiles, Eneas, Caronte, Cerbero o el Minotauro.

EL BARROCO (1600-1720)

Periodo marcado por la decadencia, que suele expresarse recurriendo al mito de las cuatro edades. Gusta de los contrastes, mezclando lo bello y lo siniestro (Polifemo y Galatea), la realidad y la apariencia (el tema de las metamorfosis).

Claudio Monteverdi compone la primera ópera mitológica, La fábula de Orfeo.

LA ILUSTRACIÓN (1720-1789)

El XVIII es el siglo de las grandes utopías sociales y políticas que se reflejan en los tópicos de los Campos Elíseos, el Jardín de las Hespérides o la Atlántida. Interesan también los que tienen como protagonistas a dioses y héroes cuyo destino permite re-

4

1 *Eneas conoce a Dido*

2 Sandro Boticelli. *Primavera* (1482)

3 Gustav Klimt. *Pallas Athena* (1898)

4 Angelica Kauffmann. *El artista en el carácter del diseño escuchando a la inspiración de la poesía.*

5 Serge Lifar en *Apallon Musagetes*.

flexionar sobre el buen y el mal gobierno (el triunfo de Zeus sobre sus enemigos significa la instauración de un orden justo y perdurable).

EL ROMANTICISMO (1789-1848)
Se caracteriza por su rebeldía (se ponen de moda los mitos de Prometeo o Antígona), su espíritu aventurero (Hércules, Jasón, Ícaro) y su simpatía hacia los personajes marginales (Sísifo, Tántalo, que desafían el despotismo.)

EL REALISMO (1848-1890)
Se aproxima a los mitos clásicos desde una perspectiva social: toda comunidad necesita arquetipos con los que identificarse (Teseo y Ariadna) y otros cuyo comportamiento merece censura (Midas, Pandora, Aracne).

EL SIGLO XX
El simbolismo y las vanguardias volvieron a poner de

actualidad personajes como Atenea u Orfeo, en su vertiente mística.

En el ballet clásico Stravinski compone tres ballets griegos: *Apolo, Agon* y *Orfeo*.

Es el momento de las grandes producciones cinematográficas. Se filmaron películas como: *Ulises* (1954), *Helena de Troya* (1956), *La leyenda de Eneas* (1962), *Jasón y los Argonautas* (1963) y en época reciente *Helena de Troya* (2003), *Troya* (2004), *Furia de Titanes* (2010) o *Hércules* (2014).

EL SIGLO XXI
La cultura popular recurre al mito (monstruos y seres fantásticos) como material para películas, series de televisión y, especialmente, para videojuegos como *The Battle of Olympus* (1988), *Age of Mythology* (2002), la saga *God of War* (iniciada en 2005), *Titan Quest* (2006) o *Rise of the Argonauts* (2008).

LOS MITOS CLÁSICOS
en la vida cotidiana

La mitología está presente en casi todas las parcelas de la vida cotidiana, desde las más triviales, los signos del zodiaco, hasta las más especializadas, las ciencias.

EXPRESIONES DE USO COMÚN

La manzana de la discordia (por la que se pelearon Afrodita, Hera y Atenea, y que hoy se utiliza para aludir a la causa de una disputa), *abrir la caja de Pandora* (provocar un desastre), *arder Troya* (símbolo de violencia y confusión), *oír o resistirse a los cantos de sirena* (dejarse llevar o mantenerse firme ante las falsas promesas, como hizo Ulises), *el hilo de Ariadna* (aquello que nos permite salir de una situación difícil), *ponerse hecho una hidra* (dar rienda suelta a la ira), *talón de Aquiles* (el punto débil de una persona), *el toque de Midas* (la habilidad para ganar dinero), *la flecha de Cupido* (símbolo del amor a primera vista), etc.

LOS DÍAS DE LA SEMANA Y LOS MESES DEL AÑO

Lunes es el día dedicado a la Luna; **martes** recibe su nombre del dios romano Marte; **miércoles** procede de Mercurio; el **jueves** está consagrado a Júpiter y el **viernes** a Venus.

Enero, el primer mes del año, está relacionado con Jano (Ianuarius), dios de los límites y las fronteras; **marzo** deriva de Marte; **mayo** hace referencia a Maya, una de las diosas de la primavera; y **junio**, a Juno, protectora del matrimonio y la familia.

GEOGRAFÍA

El río **Amazonas**, el océano **Atlántico**, el monte **Olimpo**, las columnas de **Hércules** (para aludir al estrecho de Gibraltar), las **islas Afortunadas** (Canarias) o la propia **Europa** son nombres que están relacionados con mitos.

DEPORTES

Los **Juegos Olímpicos** nacieron en Grecia. Las competiciones incluían **carreras**, pruebas de **lucha**, de **caballos**, de **carros** y **pentatlón** (disco, salto, jabalina, carrera y lucha). Las Olimpiadas perduraron durante doce siglos, desde el año 776 a. C. hasta el 393 d. C.

ASTRONOMÍA

Los **signos del zodiaco** y las **constelaciones** (Aries, Leo, Perseo, Pegaso) y el nombre de los **planetas y satélites** (Mercurio, Venus, Marte, Júpiter, Saturno, Urano, Neptuno, Plutón, Prometeo, Pandora, Caronte) proceden de los mitos.

CIENCIAS

La mitología está presente en la **botánica** (artemisa, ninfea, cereal), la **zoología** (medusa, tritón), la **mineralogía** (selenio, selenita), la **física** (eco, tifón), la **química** (titanio, mercurio, plutonio), la **medicina** (morfina, tendón de Aquiles, el propio símbolo de la profesión, el bastón entrelazado con serpientes del dios Asclepio) o la **psiquiatría** (complejo de Edipo, de Electra).

CULTURA POPULAR

Las figuras mitológicas se han incorporado a **banderas** y **escudos** de **naciones**, a **logotipos** de **instituciones** y **empresas**, incluso a **programas científicos** como el Apolo, que llevó al ser humano a la Luna en 1969.

Las **fuentes**, los **parques** y los **jardines** de nuestras ciudades, algunas de nuestras **costumbres** más queridas (brindar, hacer o recibir regalos), buena parte de las **fiestas** que celebramos (la Navidad o el Carnaval), hasta los **productos que adquirimos** están relacionados de un modo u otro con la mitología.

¿Qué papel tienen las mujeres en la mitología clásica?

LAS DIOSAS

El número de diosas y su importancia en los cultos pueden equipararse con los de los dioses. En la mayoría de los casos encarnan la figura de la **diosa madre**, asociando la **fertilidad** femenina a la **producción agrícola**; es lo que ocurre, por ejemplo, con **Hera**, **Deméter**, **Hestia** o la propia **Afrodita**. Sin embargo, también encontramos diosas **guerreras** como **Artemisa**, la implacable arquera, o **Atenea**, armada con escudo, lanza y casco, símbolo además de la **sabiduría**.

A ciertas divinidades femeninas, como las ninfas o las musas, se les atribuyen poderes extraordinarios y suelen actuar como protectoras de los hombres.

Sir Edward John.
Cressida

LA PRIMERA MUJER

Pandora, la primera mujer, tiene un **nombre simbólico** que significa literalmente «**todos los dones**», haciendo referencia a los que le concedieron los dioses: la gracia, la elocuencia, la persuasión, la inteligencia, el juicio certero, la habilidad manual, la fecundidad, la fuerza, la alegría y la curiosidad. Pandora, como precursora de todo el **linaje femenino**, supone un progreso en la **condición humana**, que se enriquece y se asemeja a la de los **dioses inmortales**, pero, al mismo tiempo, asume una **existencia trágica**, donde el **conocimiento** (la curiosidad) acaba con la inocencia y revela un destino unido al **dolor**.

NOBLES Y ESCLAVAS

No todas las mujeres son iguales. Encontramos mujeres de **noble linaje**, como **Medea** y **Ariadna**, que **deciden su propio destino**, y encontramos **esclavas**, como **Criseida** y **Briseida**, a las que se considera una mercancía más.

SACERDOTISAS, MAGAS Y ADIVINAS

Llama la atención la **abundancia de mujeres** dotadas con **poderes mágicos** que les permiten **conocer el futuro**, es el caso de **Casandra** o la **Pitia**, e influir en la voluntad de los demás mediante **hechizos**, como ocurre con las **sirenas**.

GUERRERAS

Las **amazonas**, un pueblo de **mujeres guerreras** que vivía en el norte de Anatolia, forman una **sociedad exclusivamente femenina** que preserva su independencia por las armas.